150 Jeux JAPONAIS

Les Éditions Goélette inc.

Jeux japonais format Poche

Direction
Alain Delorme

Conception des jeux Fubuki, Futoshiki et Idako :
Sylvain Hogue

Conception des jeux Hashi, Sudoku Image, Hitori, Multi Kakuro,
Sudoku Irrégulier, Somme Sudoku :

Couverture
Geneviève Guertin

Infographie
Marjolaine Pageau

© Les Éditions Goélette inc.
1350, Marie-Victorin
Saint-Bruno-de-Montarville
J3V 6B9

Dépôt légal : deuxième trimestre 2009
Gouvernement du Québec
Programme de crédit d'impôt pour l'édition de livres
Gestion Sodec

Imprimé au Canada

ISBN : 978-2-89638-536-2

Hashi

Ce jeu est composé de chiffres placés dans des cercles, où chaque cercle représente une île et le chiffre de chaque île indique le nombre de ponts reliés à elle. Le but du jeu est de relier toutes les îles selon le nombre de ponts de sorte qu'il n'y ait pas plus de deux ponts dans la même direction et un chemin continu reliant toutes les îles ensemble. Les ponts peuvent être disposés seulement de façon verticale ou horizontale et ne doivent pas croiser d'îles ou d'autres ponts.

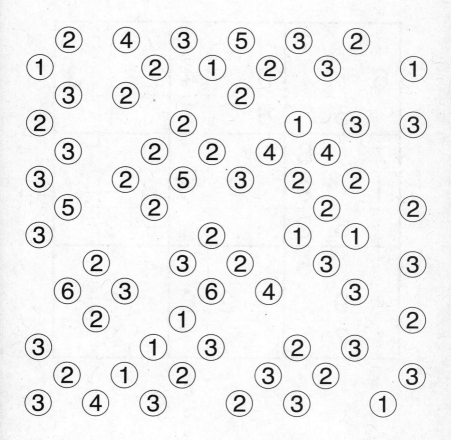

Sudoku image

Le principe est le même qu'un sudoku classique, cependant, les chiffres sont disposés au départ de façon à former une image. Une nouvelle façon amusante de faire un sudoku !

		1				7		
6			9		4			3
	5		8	3	7		1	
		8				3		
1		9				8		4
	6	3				2	9	
		5				4		
	9		7	2	8		6	
	7						3	

Hitori

Ce jeu est composé d'une grille carrée remplie de chiffres. Le but du jeu est d'ombrer des cases de sorte que les chiffres n'apparaissent pas dans une rangée ou une colonne plus d'une fois. En outre, les cases ombrées ne doivent pas se toucher verticalement ou horizontalement tandis que toutes les cases non ombrées doivent créer un seul secteur continu.

3	13	4	2	12	14	8	3	5	3	12	10	9	7
9	12	13	1	4	4	3	5	9	14	8	5	10	13
6	12	7	10	10	4	12	13	14	3	1	2	9	5
9	1	14	11	8	4	5	2	2	10	2	12	4	3
7	11	13	13	13	10	12	8	12	3	5	8	6	9
11	4	12	7	6	7	13	4	3	5	2	8	13	1
13	5	8	3	5	2	10	6	6	11	13	4	12	12
8	9	13	6	5	13	4	11	7	12	11	3	2	2
10	6	3	8	5	5	5	7	10	12	1	13	3	14
10	8	11	6	14	3	1	2	10	8	9	7	4	6
5	10	3	12	13	12	2	1	4	9	10	1	9	11
7	2	9	4	2	12	9	1	11	3	13	10	5	14	6
12	2	6	1	11	12	7	1	8	2	4	9	5	14
3	7	1	5	2	8	14	10	14	6	4	6	11	12

Jeu 4

Multi kakuro

1. N'utiliser que les chiffres de 1 à 9.
2. La somme d'un bloc doit correspondre au chiffre indiqué à gauche de la rangée ou en haut de la colonne. (Dans un même carré, le nombre du haut correspond à la somme de la rangée et celui du bas, à celle de la colonne.)
3. Un chiffre ne peut se retrouver qu'une seule fois dans un bloc. Il peut, par contre, se retrouver plus d'une fois dans une même colonne ou une même rangée, à la condition d'être dans un bloc différent.

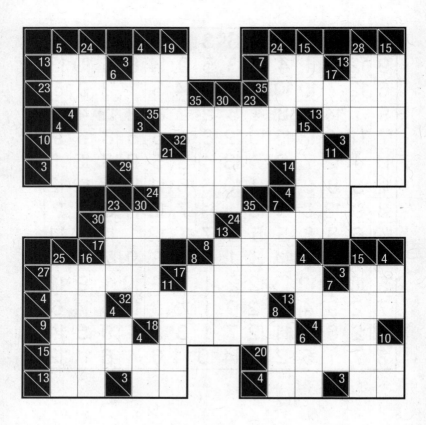

Sudoku irrégulier

Le principe est le même que celui du sudoku classique :

Il faut remplir les cases vides de la grille en respectant toujours les 3 règles principales :

1. Chaque case doit contenir un chiffre de 1 à 9.

2. Tous les chiffres de 1 à 9 doivent se retrouver dans chaque colonne, chaque rangée et chaque bloc.

3. Aucun chiffre ne doit se répéter dans une même colonne, ligne ou région. Cependant, les blocs sont de forme irrégulière.

	6							
8		7	6					
	5				7	2		1
		3		5			6	
	2	5		8		3	4	
	4			7		1		
9		4	5				3	
					6	9		2
							9	

Fubuki

Placez les nombres manquants de façon à obtenir par
additions successives le résultat de chaque colonne et rangée.

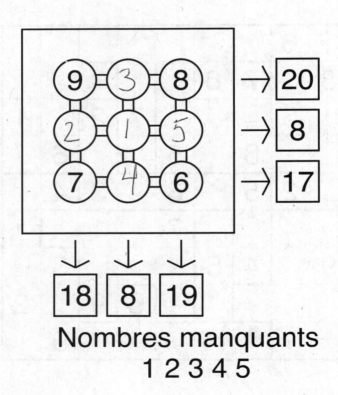

Nombres manquants
1 2 3 4 5

Jeu 7

Somme sudoku

Chaque puzzle se compose d'une grille de 9 x 9 contenant des secteurs entourés par des lignes grises. Vous devez remplir toutes les cases de sorte que les numéros de 1 à 9 apparaissent exactement une fois dans chaque rangée, colonne et boîte de 3 x 3, et la somme des nombres dans chaque secteur doit être égale à l'indice dans le coin supérieur gauche du secteur. Aucun nombre ne peut être employé dans le même secteur plus d'une fois.

16		23	15 8	29		3		20
							18	
		30			11			
17	17							
			10	3		23		3
15	13	13		36				
							18	23
		27		8				
	17			3				

Idako

Formez une chaîne de nombres pour que chaque nombre touche au suivant en ordre croissant. Par exemple, commencez par le chiffre 1 : il doit toucher au chiffre 2 soit par en haut, par en bas, par la gauche, par la droite ou en diagonale. Le premier et le dernier nombre sont encerclés. Il suffit de relier tous les nombres afin qu'il ne reste aucune case vide. Pour chaque jeu, une seule solution est valide.

			72					
65	63	73		69	77		(81)	
	45							
60					39	30		
			51	(1)				
	55	52						25
57					4	3	27	
		9		6				21
11	13					18		

Hashi

Ce jeu est composé de chiffres placés dans des cercles, où chaque cercle représente une île et le chiffre de chaque île indique le nombre de ponts reliés à elle. Le but du jeu est de relier toutes les îles selon le nombre de ponts de sorte qu'il n'y ait pas plus de deux ponts dans la même direction et un chemin continu reliant toutes les îles ensemble. Les ponts peuvent être disposés seulement de façon verticale ou horizontale et ne doivent pas croiser d'îles ou d'autres ponts.

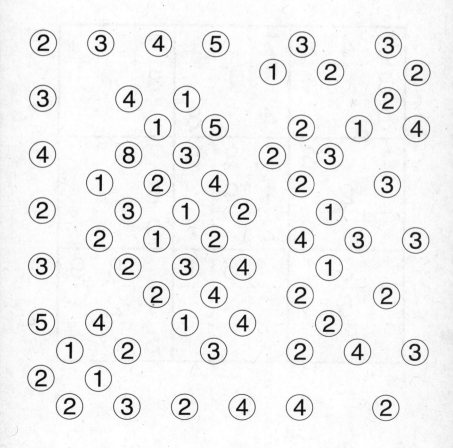

Sudoku image

Le principe est le même qu'un sudoku classique, cependant, les chiffres sont disposés au départ de façon à former une image. Une nouvelle façon amusante de faire un sudoku !

	4	2	7					
3				1		8	7	
9			4		8			
1		3		8	5			
	2		1	9		6		
		6	2		7	9		
	3			6	1		8	9
	5					1	2	
						5		

Hitori

Ce jeu est composé d'une grille carrée remplie de chiffres. Le but du jeu est d'ombrer des cases de sorte que les chiffres n'apparaissent pas dans une rangée ou une colonne plus d'une fois. En outre, les cases ombrées ne doivent pas se toucher verticalement ou horizontalement tandis que toutes les cases non ombrées doivent créer un seul secteur continu.

8	9	13	12	14	9	11	3	13	6	1	1	10	7
11	4	13	8	3	6	10	14	9	5	14	12	12	3
9	5	3	7	2	9	1	14	12	6	10	12	4	8
3	11	8	4	13	7	10	6	13	9	1	5	1	12
13	2	12	11	8	13	3	10	1	10	2	2	6	11
5	7	1	1	1	10	7	2	4	12	6	11	3	9
2	4	5	14	6	12	7	5	8	11	4	13	3	10
14	8	9	4	4	5	7	7	7	1	12	10	3	6
11	2	11	6	1	13	14	12	7	11	3	12	9	10
6	10	7	10	3	13	13	9	14	2	2	4	11	5
12	6	11	7	5	2	8	4	14	3	8	14	13	1
3	12	6	2	10	2	8	9	11	5	7	6	11	13
4	8	1	9	5	3	5	6	6	13	5	2	7	4
7	3	6	5	7	4	12	11	6	8	9	13	2	4

Multi kakuro

1. N'utiliser que les chiffres de 1 à 9.
2. La somme d'un bloc doit correspondre au chiffre indiqué à gauche de la rangée ou en haut de la colonne. (Dans un même carré, le nombre du haut correspond à la somme de la rangée et celui du bas, à celle de la colonne.)
3. Un chiffre ne peut se retrouver qu'une seule fois dans un bloc. Il peut, par contre, se retrouver plus d'une fois dans une même colonne ou une même rangée, à la condition d'être dans un bloc différent.

Sudoku irrégulier

Le principe est le même que celui du sudoku classique :
Il faut remplir les cases vides de la grille en respectant toujours les 3 règles principales :

1. Chaque case doit contenir un chiffre de 1 à 9.
2. Tous les chiffres de 1 à 9 doivent se retrouver dans chaque colonne, chaque rangée et chaque bloc.
3. Aucun chiffre ne doit se répéter dans une même colonne, ligne ou région.
Cependant, les blocs sont de forme irrégulière.

1		5					2	
	6	4						
2		7	1	9	5			
					2			
9			4	8	3			1
	3							
			6	3	4	5		7
						6	4	
	7				8			6

Futoshiki

Le principe de base ressemble à celui du sudoku. Le but du jeu est de remplir les cases vides de la grille en respectant toujours les 4 règles principales :

1. Chaque ligne et colonne doit contenir un chiffre de 1 à 4, 1 à 5, 1 à 6, 1 à 7, 1 à 8 ou 1 à 9.
2. Tous les chiffres doivent se retrouver dans chaque colonne, chaque rangée.
3. Aucun chiffre ne doit se répéter dans une même colonne ou ligne.
4. Les signes < et > entre certaines cases servent d'indices en vous indiquant si le chiffre est plus grand ou plus petit.

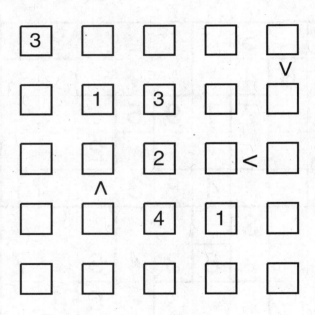

Somme sudoku

Chaque puzzle se compose d'une grille de 9 x 9 contenant des secteurs entourés par des lignes grises. Vous devez remplir toutes les cases de sorte que les numéros de 1 à 9 apparaissent exactement une fois dans chaque rangée, colonne et boîte de 3 x 3, et la somme des nombres dans chaque secteur doit être égale à l'indice dans le coin supérieur gauche du secteur. Aucun nombre ne peut être employé dans le même secteur plus d'une fois.

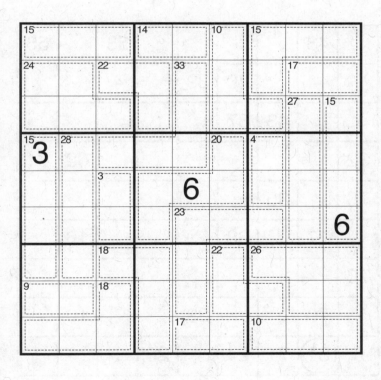

Idako

Formez une chaîne de nombres pour que chaque nombre touche au suivant en ordre croissant. Par exemple, commencez par le chiffre 1 : il doit toucher au chiffre 2 soit par en haut, par en bas, par la gauche, par la droite ou en diagonale. Le premier et le dernier nombre sont encerclés. Il suffit de relier tous les nombres afin qu'il ne reste aucune case vide. Pour chaque jeu, une seule solution est valide.

	48					53		58
	44		40	39		4		
		43	37					
32							63	61
76		35		(1)				
	77		68				16	
78						14		17
	70			23			10	
(81)	71	24		22				

Hashi

Ce jeu est composé de chiffres placés dans des cercles, où chaque cercle représente une île et le chiffre de chaque île indique le nombre de ponts reliés à elle. Le but du jeu est de relier toutes les îles selon le nombre de ponts de sorte qu'il n'y ait pas plus de deux ponts dans la même direction et un chemin continu reliant toutes les îles ensemble. Les ponts peuvent être disposés seulement de façon verticale ou horizontale et ne doivent pas croiser d'îles ou d'autres ponts.

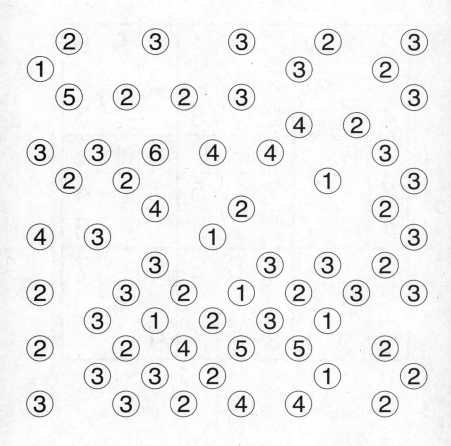

Jeu 18

Sudoku image

Le principe est le même qu'un sudoku classique, cependant, les chiffres sont disposés au départ de façon à former une image. Une nouvelle façon amusante de faire un sudoku !

2	1						9	8
8		6				2		3
4			2	7	8			6
	6						1	
3			7		5			4
1								5
9			4	6	2			7
	2						4	
		4	8	3	1	9		

Hitori

Ce jeu est composé d'une grille carrée remplie de chiffres. Le but du jeu est d'ombrer des cases de sorte que les chiffres n'apparaissent pas dans une rangée ou une colonne plus d'une fois. En outre, les cases ombrées ne doivent pas se toucher verticalement ou horizontalement tandis que toutes les cases non ombrées doivent créer un seul secteur continu.

2	11	10	13	6	1	4	4	2	10	7	8	7	5
13	4	5	3	7	10	2	10	1	6	9	10	3	12
11	8	4	4	6	13	9	10	7	5	7	2	14	10
11	9	7	10	14	10	1	6	7	4	5	12	11	11
6	7	13	9	3	5	11	1	14	12	8	2	2	7
9	12	9	11	4	4	1	8	1	14	6	3	6	2
5	13	4	2	8	7	10	11	9	12	12	6	1	6
12	4	3	2	8	9	1	14	4	1	6	11	6	13
10	2	2	14	13	12	8	12	3	12	1	7	4	6
12	10	11	2	2	6	14	3	11	9	10	6	7	1
4	5	14	9	12	3	6	2	10	4	13	1	13	3
7	9	8	12	14	2	14	1	11	3	11	4	5	4
4	1	2	6	10	11	9	5	6	13	3	13	10	8
1	1	12	6	9	14	3	11	5	8	4	10	9	4

Multi kakuro

1. N'utiliser que les chiffres de 1 à 9.

2. La somme d'un bloc doit correspondre au chiffre indiqué à gauche de la rangée ou en haut de la colonne. (Dans un même carré, le nombre du haut correspond à la somme de la rangée et celui du bas, à celle de la colonne.)

3. Un chiffre ne peut se retrouver qu'une seule fois dans un bloc. Il peut, par contre, se retrouver plus d'une fois dans une même colonne ou une même rangée, à la condition d'être dans un bloc différent.

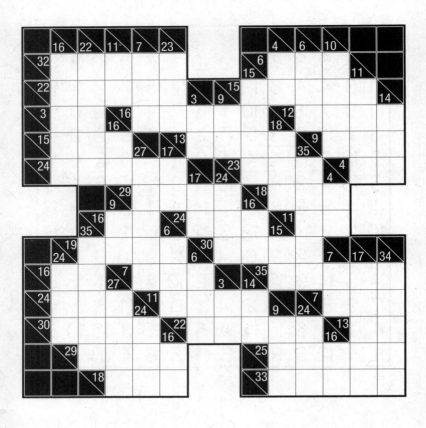

Sudoku irrégulier

Le principe est le même que celui du sudoku classique :

Il faut remplir les cases vides de la grille en respectant toujours les 3 règles principales :

1. Chaque case doit contenir un chiffre de 1 à 9.

2. Tous les chiffres de 1 à 9 doivent se retrouver dans chaque colonne, chaque rangée et chaque bloc.

3. Aucun chiffre ne doit se répéter dans une même colonne, ligne ou région. Cependant, les blocs sont de forme irrégulière.

	9							
			7		4	1		5
	5			7	3			
	2	4					1	
		9		8		3		
	7					2	6	
			6	4			9	
8		6	3		9			
							3	

Fubuki

Placez les nombres manquants de façon à obtenir par additions successives le résultat de chaque colonne et rangée.

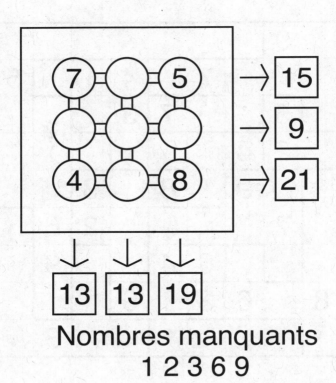

Nombres manquants
1 2 3 6 9

Somme sudoku

Chaque puzzle se compose d'une grille de 9 x 9 contenant des secteurs entourés par des lignes grises. Vous devez remplir toutes les cases de sorte que les numéros de 1 à 9 apparaissent exactement une fois dans chaque rangée, colonne et boîte de 3 x 3, et la somme des nombres dans chaque secteur doit être égale à l'indice dans le coin supérieur gauche du secteur. Aucun nombre ne peut être employé dans le même secteur plus d'une fois.

25 **2**				21				
19			17	22				14
15		16				19		
13				17				16
4	21	15				**6**		
22		3		8				17
		20				14		
22						26		
23							**9**	

Idako

Formez une chaîne de nombres pour que chaque nombre touche au suivant en ordre croissant. Par exemple, commencez par le chiffre 1 : il doit toucher au chiffre 2 soit par en haut, par en bas, par la gauche, par la droite ou en diagonale. Le premier et le dernier nombre sont encerclés. Il suffit de relier tous les nombres afin qu'il ne reste aucune case vide. Pour chaque jeu, une seule solution est valide.

68								15
	67				78		12	
		59		20		11		
					80	(81)	8	
64	61			22				
		25				54		
	26							5
	30				41	44	4	
		35	36	39		42	(1)	3

Hashi

Ce jeu est composé de chiffres placés dans des cercles, où chaque cercle représente une île et le chiffre de chaque île indique le nombre de ponts reliés à elle. Le but du jeu est de relier toutes les îles selon le nombre de ponts de sorte qu'il n'y ait pas plus de deux ponts dans la même direction et un chemin continu reliant toutes les îles ensemble. Les ponts peuvent être disposés seulement de façon verticale ou horizontale et ne doivent pas croiser d'îles ou d'autres ponts.

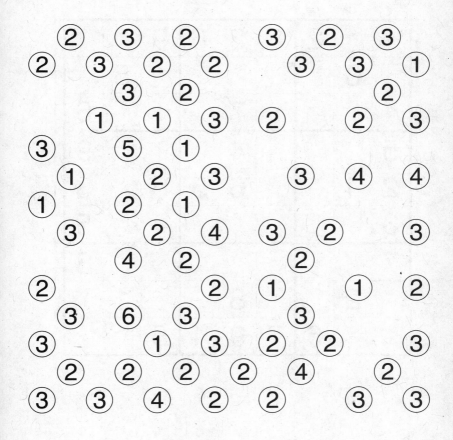

Sudoku image

Le principe est le même qu'un sudoku classique, cependant, les chiffres sont disposés au départ de façon à former une image. Une nouvelle façon amusante de faire un sudoku !

		2	8	3	6	9		
	8						5	
4				7				6
5				4				9
2	4			6	5	8		3
3								5
7								8
	2			8			1	
		6	7	9	4	5		

Hitori

Ce jeu est composé d'une grille carrée remplie de chiffres. Le but du jeu est d'ombrer des cases de sorte que les chiffres n'apparaissent pas dans une rangée ou une colonne plus d'une fois. En outre, les cases ombrées ne doivent pas se toucher verticalement ou horizontalement tandis que toutes les cases non ombrées doivent créer un seul secteur continu.

10	7	12	8	3	11	8	5	2	2	9	4	9	14
10	11	5	6	2	13	9	1	12	7	14	10	1	9
3	14	8	12	7	12	11	1	2	9	13	6	13	10
11	6	5	8	13	2	13	6	5	7	7	12	3	4
3	10	11	6	4	5	7	2	9	13	5	8	14	3
4	12	1	7	1	6	5	11	3	3	5	9	10	13
6	3	7	13	1	9	10	7	4	10	8	12	12	12
13	4	10	9	8	5	8	7	13	14	1	3	1	11
1	13	7	3	10	7	2	7	14	4	4	4	5	6
5	3	6	9	13	4	4	12	5	10	2	1	11	8
13	1	5	5	2	3	14	14	10	7	6	7	13	8
14	7	13	4	6	9	5	2	8	1	7	11	7	2
13	9	2	1	2	8	12	10	12	4	11	2	11	5
3	5	1	2	10	12	6	4	11	8	9	5	14	4

Multi kakuro

1. N'utiliser que les chiffres de 1 à 9.

2. La somme d'un bloc doit correspondre au chiffre indiqué à gauche de la rangée ou en haut de la colonne. (Dans un même carré, le nombre du haut correspond à la somme de la rangée et celui du bas, à celle de la colonne.)

3. Un chiffre ne peut se retrouver qu'une seule fois dans un bloc. Il peut, par contre, se retrouver plus d'une fois dans une même colonne ou une même rangée, à la condition d'être dans un bloc différent.

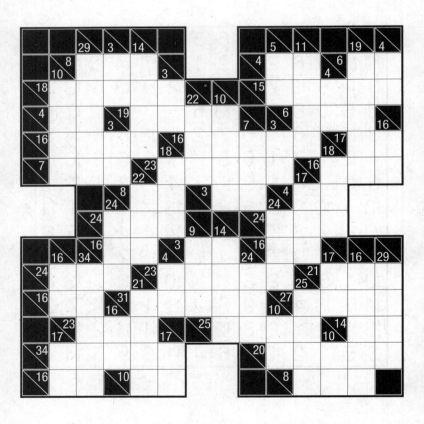

Sudoku irrégulier

Le principe est le même que celui du sudoku classique :
Il faut remplir les cases vides de la grille en respectant toujours les 3 règles principales :
1. Chaque case doit contenir un chiffre de 1 à 9.
2. Tous les chiffres de 1 à 9 doivent se retrouver dans chaque colonne, chaque rangée et chaque bloc.
3. Aucun chiffre ne doit se répéter dans une même colonne, ligne ou région.
Cependant, les blocs sont de forme irrégulière.

			6	4				
	1				5		7	
		1		7		3		
	2		4		9			5
3		9				8		7
1			7		3		2	
	7			6		4		
	8		3				4	
				2	8			

 **Jeu 30**

Futoshiki

Le principe de base ressemble à celui du sudoku. Le but du jeu est de remplir les cases vides de la grille en respectant toujours les 4 règles principales :

1. Chaque ligne et colonne doit contenir un chiffre de 1 à 4, 1 à 5, 1 à 6, 1 à 7, 1 à 8 ou 1 à 9.
2. Tous les chiffres doivent se retrouver dans chaque colonne, chaque rangée.
3. Aucun chiffre ne doit se répéter dans une même colonne ou ligne.
4. Les signes < et > entre certaines cases servent d'indices en vous indiquant si le chiffre est plus grand ou plus petit.

3	☐ >	☐	2	☐
☐	2 >	☐	5	☐
☐	☐	☐	☐	☐
☐ >	☐	☐	☐	☐
☐	☐	2	1	☐

Jeu 31

Somme sudoku

Chaque puzzle se compose d'une grille de 9 x 9 contenant des secteurs
entourés par des lignes grises. Vous devez remplir toutes les cases de sorte
que les numéros de 1 à 9 apparaissent exactement une fois dans chaque
rangée, colonne et boîte de 3 x 3, et la somme des nombres dans chaque
secteur doit être égale à l'indice dans le coin supérieur gauche du secteur.
Aucun nombre ne peut être employé dans le même secteur plus d'une fois.

Idako

Formez une chaîne de nombres pour que chaque nombre touche au suivant
en ordre croissant. Par exemple, commencez par le chiffre 1 : il doit toucher
au chiffre 2 soit par en haut, par en bas, par la gauche, par la droite ou en
diagonale. Le premier et le dernier nombre sont encerclés. Il suffit de relier
tous les nombres afin qu'il ne reste aucune case vide. Pour chaque jeu, une
seule solution est valide.

		76		7	8			
72			77					(1)
65	66		(81)			10		
	67		80		15	11		
	60				19			
59						20		
		33	34		28	39	26	
	57							
	56	50	47	46	45			

Hashi

Ce jeu est composé de chiffres placés dans des cercles, où chaque cercle représente une île et le chiffre de chaque île indique le nombre de ponts reliés à elle. Le but du jeu est de relier toutes les îles selon le nombre de ponts de sorte qu'il n'y ait pas plus de deux ponts dans la même direction et un chemin continu reliant toutes les îles ensemble. Les ponts peuvent être disposés seulement de façon verticale ou horizontale et ne doivent pas croiser d'îles ou d'autres ponts.

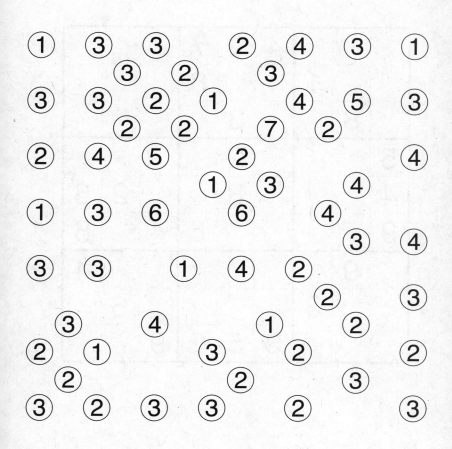

Sudoku image

Le principe est le même qu'un sudoku classique, cependant, les chiffres sont disposés au départ de façon à former une image. Une nouvelle façon amusante de faire un sudoku !

			4	9	7			
		1			8			
	8			3				
5				2				
4				8			2	6
9					6	4		8
	9							4
		3					6	
			3	5	2	9		

Hitori

Ce jeu est composé d'une grille carrée remplie de chiffres. Le but du jeu est d'ombrer des cases de sorte que les chiffres n'apparaissent pas dans une rangée ou une colonne plus d'une fois. En outre, les cases ombrées ne doivent pas se toucher verticalement ou horizontalement tandis que toutes les cases non ombrées doivent créer un seul secteur continu.

5	14	12	9	2	1	8	8	11	10	10	12	5	4
3	8	12	10	6	8	11	5	13	2	1	5	14	9
10	11	12	12	12	7	2	2	2	3	9	9	4	1
9	13	3	5	5	8	2	12	10	14	14	4	8	7
4	1	2	5	14	13	4	7	6	11	7	10	3	12
14	6	1	5	11	2	12	4	2	13	8	3	14	2
6	10	4	7	1	14	3	1	9	5	5	5	12	10
10	8	13	14	3	9	9	6	12	5	13	7	4	1
12	3	13	13	7	13	1	11	2	5	4	5	10	8
9	12	2	3	1	4	13	10	3	6	2	14	4	5
8	12	10	2	4	11	13	9	1	14	9	5	7	8
8	9	14	4	6	3	10	14	7	12	3	2	11	13
12	5	14	6	8	11	9	9	7	7	2	1	10	6
2	4	14	11	10	12	9	12	8	1	12	6	5	13

Multi kakuro

1. N'utiliser que les chiffres de 1 à 9.
2. La somme d'un bloc doit correspondre au chiffre indiqué à gauche de la rangée ou en haut de la colonne. (Dans un même carré, le nombre du haut correspond à la somme de la rangée et celui du bas, à celle de la colonne.)
3. Un chiffre ne peut se retrouver qu'une seule fois dans un bloc. Il peut, par contre, se retrouver plus d'une fois dans une même colonne ou une même rangée, à la condition d'être dans un bloc différent.

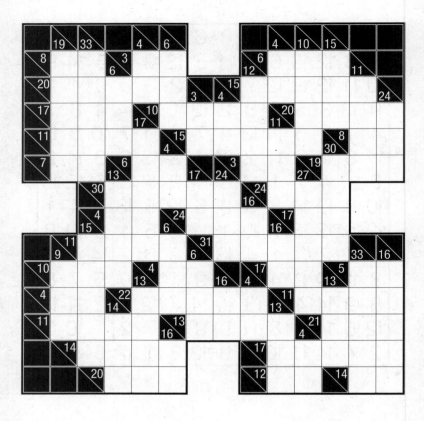

Sudoku irrégulier

Le principe est le même que celui du sudoku classique :
Il faut remplir les cases vides de la grille en respectant toujours les 3 règles principales :

1. Chaque case doit contenir un chiffre de 1 à 9.
2. Tous les chiffres de 1 à 9 doivent se retrouver dans chaque colonne, chaque rangée et chaque bloc.
3. Aucun chiffre ne doit se répéter dans une même colonne, ligne ou région. Cependant, les blocs sont de forme irrégulière.

	5	1						
	3			9	7		2	1
					9			8
	7	3						
	6						7	
						8	5	
2			5					
1	9		2	5			6	
						2	4	

Fubuki

Placez les nombres manquants de façon à obtenir par additions successives le résultat de chaque colonne et rangée.

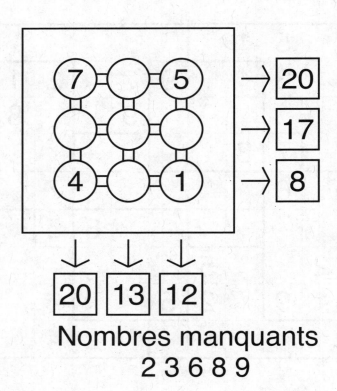

Nombres manquants
2 3 6 8 9

Somme sudoku

Chaque puzzle se compose d'une grille de 9 x 9 contenant des secteurs entourés par des lignes grises. Vous devez remplir toutes les cases de sorte que les numéros de 1 à 9 apparaissent exactement une fois dans chaque rangée, colonne et boîte de 3 x 3, et la somme des nombres dans chaque secteur doit être égale à l'indice dans le coin supérieur gauche du secteur. Aucun nombre ne peut être employé dans le même secteur plus d'une fois.

Idako

Formez une chaîne de nombres pour que chaque nombre touche au suivant en ordre croissant. Par exemple, commencez par le chiffre 1 : il doit toucher au chiffre 2 soit par en haut, par en bas, par la gauche, par la droite ou en diagonale. Le premier et le dernier nombre sont encerclés. Il suffit de relier tous les nombres afin qu'il ne reste aucune case vide. Pour chaque jeu, une seule solution est valide.

			17		15		12	10
28			18			13		
			①				58	59
34	25	26			3	5		57
					64			
	38							52
80	37		42	44				
㉛				71		69	50	
		75	72					49

Hashi

Ce jeu est composé de chiffres placés dans des cercles, où chaque cercle représente une île et le chiffre de chaque île indique le nombre de ponts reliés à elle. Le but du jeu est de relier toutes les îles selon le nombre de ponts de sorte qu'il n'y ait pas plus de deux ponts dans la même direction et un chemin continu reliant toutes les îles ensemble. Les ponts peuvent être disposés seulement de façon verticale ou horizontale et ne doivent pas croiser d'îles ou d'autres ponts.

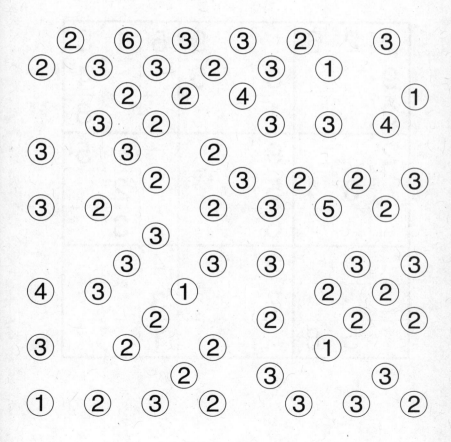

Sudoku image

Le principe est le même qu'un sudoku classique, cependant, les chiffres
sont disposés au départ de façon à former une image. Une nouvelle façon
amusante de faire un sudoku !

	2	6			9	5	1	3
9			8		6			4
3			1					8
2			9					5
	3	4	5				2	
			6				3	
			2			4		
			7			3		
	5	8				1		

Hitori

Ce jeu est composé d'une grille carrée remplie de chiffres. Le but du jeu est d'ombrer des cases de sorte que les chiffres n'apparaissent pas dans une rangée ou une colonne plus d'une fois. En outre, les cases ombrées ne doivent pas se toucher verticalement ou horizontalement tandis que toutes les cases non ombrées doivent créer un seul secteur continu.

11	11	4	7	13	1	8	10	3	10	14	10	9	6
4	10	10	14	3	7	6	11	13	8	3	1	3	4
2	11	10	8	11	7	3	2	7	11	5	4	13	12
9	1	10	12	14	8	6	5	6	7	1	13	4	10
5	14	13	2	4	2	7	2	9	14	6	5	10	3
6	14	9	7	3	10	13	1	10	14	13	8	2	5
3	6	14	13	1	10	11	12	2	6	9	7	12	4
2	13	11	2	3	6	9	12	9	1	13	3	8	8
7	9	2	3	6	12	12	12	1	5	11	5	13	14
9	4	14	1	14	13	5	6	11	10	7	2	12	4
13	4	6	11	8	4	2	4	12	9	10	9	4	1
10	12	14	6	14	9	10	4	11	13	7	14	7	8
8	4	1	9	2	4	14	13	5	12	3	12	11	7
1	8	14	5	12	5	10	9	5	11	10	6	10	3

Multi kakuro

1. N'utiliser que les chiffres de 1 à 9.
2. La somme d'un bloc doit correspondre au chiffre indiqué à gauche de la rangée ou en haut de la colonne. (Dans un même carré, le nombre du haut correspond à la somme de la rangée et celui du bas, à celle de la colonne.)
3. Un chiffre ne peut se retrouver qu'une seule fois dans un bloc. Il peut, par contre, se retrouver plus d'une fois dans une même colonne ou une même rangée, à la condition d'être dans un bloc différent.

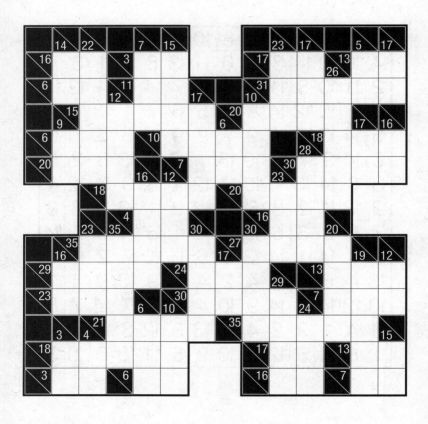

Sudoku irrégulier

Le principe est le même que celui du sudoku classique :
Il faut remplir les cases vides de la grille en respectant toujours les 3 règles
principales :
1. Chaque case doit contenir un chiffre de 1 à 9.
2. Tous les chiffres de 1 à 9 doivent se retrouver dans chaque colonne,
chaque rangée et chaque bloc.
3. Aucun chiffre ne doit se répéter dans une même colonne, ligne ou région.
Cependant, les blocs sont de forme irrégulière.

1					5			4
	7			6			5	
		8	9			2		
8				4		6		
	1						8	
		3		8				1
		7			3	9		
	6			9			7	
9			6					5

Futoshiki

Le principe de base ressemble à celui du sudoku. Le but du jeu est de remplir les cases vides de la grille en respectant toujours les 4 règles principales :

1. Chaque ligne et colonne doit contenir un chiffre de 1 à 4, 1 à 5, 1 à 6, 1 à 7, 1 à 8 ou 1 à 9.

2. Tous les chiffres doivent se retrouver dans chaque colonne, chaque rangée.

3. Aucun chiffre ne doit se répéter dans une même colonne ou ligne.

4. Les signes < et > entre certaines cases servent d'indices en vous indiquant si le chiffre est plus grand ou plus petit.

4				
		5		
1				4
3				
	3			

(Signe ∨ entre la ligne 2 et la ligne 3, colonne 2)

(Signe ∧ entre la ligne 4 et la ligne 5, colonne 5)

Somme sudoku

Chaque puzzle se compose d'une grille de 9 x 9 contenant des secteurs entourés par des lignes grises. Vous devez remplir toutes les cases de sorte que les numéros de 1 à 9 apparaissent exactement une fois dans chaque rangée, colonne et boîte de 3 x 3, et la somme des nombres dans chaque secteur doit être égale à l'indice dans le coin supérieur gauche du secteur. Aucun nombre ne peut être employé dans le même secteur plus d'une fois.

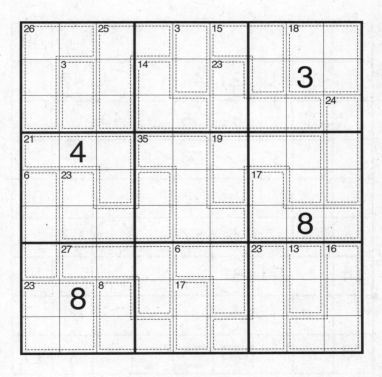

Idako

Formez une chaîne de nombres pour que chaque nombre touche au suivant en ordre croissant. Par exemple, commencez par le chiffre 1 : il doit toucher au chiffre 2 soit par en haut, par en bas, par la gauche, par la droite ou en diagonale. Le premier et le dernier nombre sont encerclés. Il suffit de relier tous les nombres afin qu'il ne reste aucune case vide. Pour chaque jeu, une seule solution est valide.

								49
	26		23	42			47	
	21		32	35		40		
		33		36	38			
				4				66
	15	7	5	57	3	①	67	
14		80	⑧①					
						73	61	
10			78	76				71

Hashi

Ce jeu est composé de chiffres placés dans des cercles, où chaque cercle représente une île et le chiffre de chaque île indique le nombre de ponts reliés à elle. Le but du jeu est de relier toutes les îles selon le nombre de ponts de sorte qu'il n'y ait pas plus de deux ponts dans la même direction et un chemin continu reliant toutes les îles ensemble. Les ponts peuvent être disposés seulement de façon verticale ou horizontale et ne doivent pas croiser d'îles ou d'autres ponts.

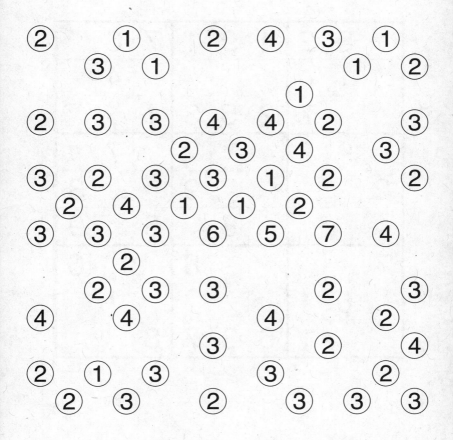

Sudoku image

Le principe est le même qu'un sudoku classique, cependant, les chiffres sont disposés au départ de façon à former une image. Une nouvelle façon amusante de faire un sudoku !

	8	2	4	9	1	7	6	
	1						4	
		7	2	5	3	1		
	9						7	
2					9			3
1				8		5		9
7					8			6
	6						1	
		1	6	3	7	8		

Hitori

Ce jeu est composé d'une grille carrée remplie de chiffres. Le but du jeu est d'ombrer des cases de sorte que les chiffres n'apparaissent pas dans une rangée ou une colonne plus d'une fois. En outre, les cases ombrées ne doivent pas se toucher verticalement ou horizontalement tandis que toutes les cases non ombrées doivent créer un seul secteur continu.

2	7	13	7	10	1	14	1	11	4	5	6	5	12
4	14	11	11	11	12	13	8	9	5	2	1	8	13
10	9	1	10	14	11	12	5	4	8	11	13	7	9
5	1	12	13	4	7	1	14	5	5	10	5	2	8
5	3	4	7	9	11	2	12	8	12	7	10	3	1
14	5	8	9	12	14	1	7	3	10	6	2	13	11
6	2	7	14	7	10	4	11	5	9	2	12	13	2
9	13	10	8	8	8	11	7	2	6	14	12	12	7
7	4	2	12	7	13	5	6	1	5	9	11	3	3
13	13	2	6	6	3	5	4	4	10	7	9	1	7
3	8	11	4	1	9	5	2	6	13	4	14	14	5
11	6	3	2	9	4	7	7	14	11	13	5	4	6
7	10	2	8	2	14	13	3	3	11	5	13	6	6
14	5	6	5	4	2	1	13	12	11	3	7	11	9

Multi kakuro

1. N'utiliser que les chiffres de 1 à 9.
2. La somme d'un bloc doit correspondre au chiffre indiqué à gauche de la rangée ou en haut de la colonne. (Dans un même carré, le nombre du haut correspond à la somme de la rangée et celui du bas, à celle de la colonne.)
3. Un chiffre ne peut se retrouver qu'une seule fois dans un bloc. Il peut, par contre, se retrouver plus d'une fois dans une même colonne ou une même rangée, à la condition d'être dans un bloc différent.

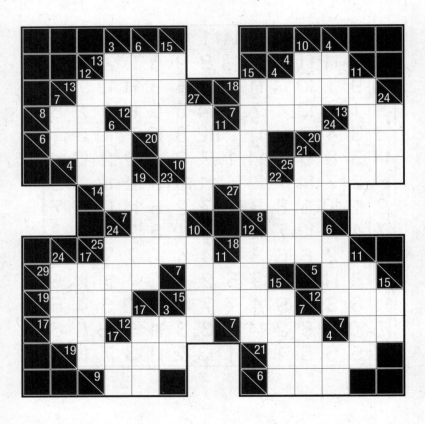

Sudoku irrégulier

Le principe est le même que celui du sudoku classique :

Il faut remplir les cases vides de la grille en respectant toujours les 3 règles principales :

1. Chaque case doit contenir un chiffre de 1 à 9.

2. Tous les chiffres de 1 à 9 doivent se retrouver dans chaque colonne, chaque rangée et chaque bloc.

3. Aucun chiffre ne doit se répéter dans une même colonne, ligne ou région. Cependant, les blocs sont de forme irrégulière.

			5			3		8
				5	6			
			2	9				5
5			3			1	9	
	4	8				6	3	
	5	4			2			9
8			4	7				
		8	9					
2		1			4			

Fubuki

Placez les nombres manquants de façon à obtenir par
additions successives le résultat de chaque colonne et rangée.

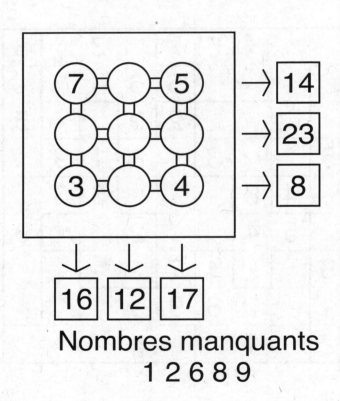

Nombres manquants
1 2 6 8 9

Somme sudoku

Chaque puzzle se compose d'une grille de 9 x 9 contenant des secteurs entourés par des lignes grises. Vous devez remplir toutes les cases de sorte que les numéros de 1 à 9 apparaissent exactement une fois dans chaque rangée, colonne et boîte de 3 x 3, et la somme des nombres dans chaque secteur doit être égale à l'indice dans le coin supérieur gauche du secteur. Aucun nombre ne peut être employé dans le même secteur plus d'une fois.

30		17				15		23
	12			18			**6**	**9**
	10				22	27		
		15		6				
10		28					4	
14	27				17		10	
				13	29			23
4	19 **8**							
			16					

Idako

Formez une chaîne de nombres pour que chaque nombre touche au suivant en ordre croissant. Par exemple, commencez par le chiffre 1 : il doit toucher au chiffre 2 soit par en haut, par en bas, par la gauche, par la droite ou en diagonale. Le premier et le dernier nombre sont encerclés. Il suffit de relier tous les nombres afin qu'il ne reste aucune case vide. Pour chaque jeu, une seule solution est valide.

			71					
74				68				30
	78			67	66		35	
80		42		64			33	
⬤81			63		22			5
47	45			20	21		⬤1	
				18		2		
	50				14	13	11	
	54	56					10	

Hashi

Ce jeu est composé de chiffres placés dans des cercles, où chaque cercle représente une île et le chiffre de chaque île indique le nombre de ponts reliés à elle. Le but du jeu est de relier toutes les îles selon le nombre de ponts de sorte qu'il n'y ait pas plus de deux ponts dans la même direction et un chemin continu reliant toutes les îles ensemble. Les ponts peuvent être disposés seulement de façon verticale ou horizontale et ne doivent pas croiser d'îles ou d'autres ponts.

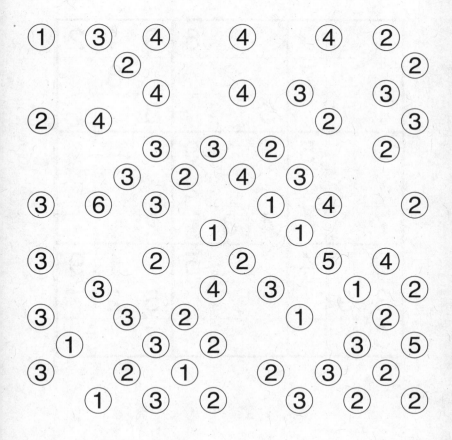

Sudoku image

Le principe est le même qu'un sudoku classique, cependant, les chiffres sont disposés au départ de façon à former une image. Une nouvelle façon amusante de faire un sudoku !

					6	9	4	2
	4	7		2			8	
	1		5			3		
		5			9			
	8				2			
7			4	8		2		
2		4			5		1	9
3	9					5	2	
5						7		

Hitori

Ce jeu est composé d'une grille carrée remplie de chiffres. Le but du jeu est d'ombrer des cases de sorte que les chiffres n'apparaissent pas dans une rangée ou une colonne plus d'une fois. En outre, les cases ombrées ne doivent pas se toucher verticalement ou horizontalement tandis que toutes les cases non ombrées doivent créer un seul secteur continu.

8	2	13	5	2	6	9	3	14	4	14	10	9	7
1	12	9	1	7	5	11	11	2	3	14	13	6	4
3	4	12	11	4	13	10	14	6	2	14	1	8	13
2	4	1	9	11	11	11	12	7	5	10	13	13	13
12	4	4	4	3	7	1	2	2	13	6	5	8	14
4	1	11	7	14	4	13	4	9	6	12	2	14	5
4	14	8	6	13	2	3	10	13	9	12	1	1	1
5	13	1	2	10	8	3	4	13	7	12	11	14	9
14	13	9	1	6	14	5	8	8	8	4	3	10	11
9	11	8	4	12	1	6	13	7	10	2	3	12	6
6	11	7	14	9	1	14	11	10	8	5	8	3	12
1	10	6	8	2	3	14	9	14	11	10	6	7	1
7	9	6	3	1	12	2	1	3	14	13	7	9	10
1	8	2	10	10	4	12	14	3	5	11	9	11	3

Multi kakuro

1. N'utiliser que les chiffres de 1 à 9.
2. La somme d'un bloc doit correspondre au chiffre indiqué à gauche de la rangée ou en haut de la colonne. (Dans un même carré, le nombre du haut correspond à la somme de la rangée et celui du bas, à celle de la colonne.)
3. Un chiffre ne peut se retrouver qu'une seule fois dans un bloc. Il peut, par contre, se retrouver plus d'une fois dans une même colonne ou une même rangée, à la condition d'être dans un bloc différent.

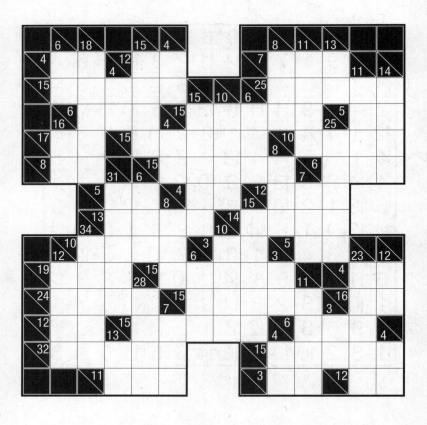

Sudoku irrégulier

Le principe est le même que celui du sudoku classique :

Il faut remplir les cases vides de la grille en respectant toujours les 3 règles principales :

1. Chaque case doit contenir un chiffre de 1 à 9.

2. Tous les chiffres de 1 à 9 doivent se retrouver dans chaque colonne, chaque rangée et chaque bloc.

3. Aucun chiffre ne doit se répéter dans une même colonne, ligne ou région.

Cependant, les blocs sont de forme irrégulière.

		1		7		9		
	5						3	
7			5		6			2
		6				1		
6				2				3
		2				7		
8			1		9			4
	2						5	
		8		4		2		

Futoshiki

Le principe de base ressemble à celui du sudoku. Le but du jeu est de remplir les cases vides de la grille en respectant toujours les 4 règles principales :

1. Chaque ligne et colonne doit contenir un chiffre de 1 à 4, 1 à 5, 1 à 6, 1 à 7, 1 à 8 ou 1 à 9.
2. Tous les chiffres doivent se retrouver dans chaque colonne, chaque rangée.
3. Aucun chiffre ne doit se répéter dans une même colonne ou ligne.
4. Les signes < et > entre certaines cases servent d'indices en vous indiquant si le chiffre est plus grand ou plus petit.

	<			
v				
			4	<
	4		3	
	3	4	2	

Somme sudoku

Chaque puzzle se compose d'une grille de 9 x 9 contenant des secteurs entourés par des lignes grises. Vous devez remplir toutes les cases de sorte que les numéros de 1 à 9 apparaissent exactement une fois dans chaque rangée, colonne et boîte de 3 x 3, et la somme des nombres dans chaque secteur doit être égale à l'indice dans le coin supérieur gauche du secteur. Aucun nombre ne peut être employé dans le même secteur plus d'une fois.

Idako

Formez une chaîne de nombres pour que chaque nombre touche au suivant en ordre croissant. Par exemple, commencez par le chiffre 1 : il doit toucher au chiffre 2 soit par en haut, par en bas, par la gauche, par la droite ou en diagonale. Le premier et le dernier nombre sont encerclés. Il suffit de relier tous les nombres afin qu'il ne reste aucune case vide. Pour chaque jeu, une seule solution est valide.

63	64				8		
	62	17	13				5
60		57	11	12			3
			56	45		①	
	21		54		48	41	
		23			49		37
77	72						36
			26			31	
	㉛			27	32		

Hashi

Ce jeu est composé de chiffres placés dans des cercles, où chaque cercle représente une île et le chiffre de chaque île indique le nombre de ponts reliés à elle. Le but du jeu est de relier toutes les îles selon le nombre de ponts de sorte qu'il n'y ait pas plus de deux ponts dans la même direction et un chemin continu reliant toutes les îles ensemble. Les ponts peuvent être disposés seulement de façon verticale ou horizontale et ne doivent pas croiser d'îles ou d'autres ponts.

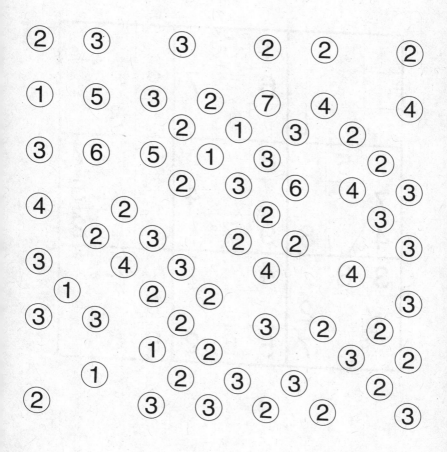

Sudoku image

Le principe est le même qu'un sudoku classique, cependant, les chiffres sont disposés au départ de façon à former une image. Une nouvelle façon amusante de faire un sudoku !

			1	5				
			6		7	2		
		1					3	
	5		8					7
7					4			5
4		3	9	7				2
3	8		4				2	
		2				5		
		7	5	6	2	9	8	

Hitori

Ce jeu est composé d'une grille carrée remplie de chiffres. Le but du jeu est d'ombrer des cases de sorte que les chiffres n'apparaissent pas dans une rangée ou une colonne plus d'une fois. En outre, les cases ombrées ne doivent pas se toucher verticalement ou horizontalement tandis que toutes les cases non ombrées doivent créer un seul secteur continu.

4	14	5	1	14	8	13	4	11	2	9	3	7	6
8	9	10	10	2	7	2	14	14	1	11	2	6	12
14	5	14	3	13	11	8	4	1	2	6	2	14	9
2	13	1	6	9	10	7	10	9	8	5	14	12	13
14	10	8	6	6	2	11	1	13	5	4	7	14	3
3	13	13	14	6	5	9	9	9	11	3	8	8	1
13	11	2	11	12	11	6	5	7	10	1	10	3	3
9	11	12	5	13	4	4	3	4	14	8	6	8	7
14	2	13	9	8	9	1	7	5	4	11	11	10	12
11	6	1	7	10	4	5	1	4	3	12	1	8	14
12	7	3	4	1	14	1	8	10	4	7	8	11	13
11	7	3	13	3	1	3	6	9	10	14	4	9	2
6	1	4	1	3	13	3	11	2	12	5	14	9	10
12	4	14	2	7	8	12	1	9	5	10	13	9	11

Multi kakuro

1. N'utiliser que les chiffres de 1 à 9.

2. La somme d'un bloc doit correspondre au chiffre indiqué à gauche de la rangée ou en haut de la colonne. (Dans un même carré, le nombre du haut correspond à la somme de la rangée et celui du bas, à celle de la colonne.)

3. Un chiffre ne peut se retrouver qu'une seule fois dans un bloc. Il peut, par contre, se retrouver plus d'une fois dans une même colonne ou une même rangée, à la condition d'être dans un bloc différent.

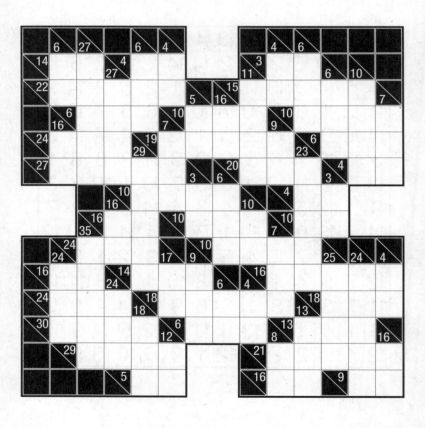

Sudoku irrégulier

Le principe est le même que celui du sudoku classique :

Il faut remplir les cases vides de la grille en respectant toujours les 3 règles principales :

1. Chaque case doit contenir un chiffre de 1 à 9.

2. Tous les chiffres de 1 à 9 doivent se retrouver dans chaque colonne, chaque rangée et chaque bloc.

3. Aucun chiffre ne doit se répéter dans une même colonne, ligne ou région. Cependant, les blocs sont de forme irrégulière.

	7	5		1		2	9	
9		8				6		2
3	1						5	8
5								7
6	3						4	9
2		9				5		3
	8	6		2		3	7	

Fubuki

Placez les nombres manquants de façon à obtenir par additions successives le résultat de chaque colonne et rangée.

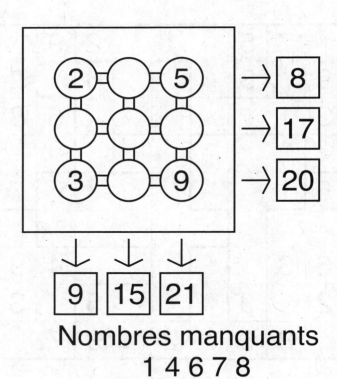

Nombres manquants
1 4 6 7 8

Somme sudoku

Chaque puzzle se compose d'une grille de 9 x 9 contenant des secteurs entourés par des lignes grises. Vous devez remplir toutes les cases de sorte que les numéros de 1 à 9 apparaissent exactement une fois dans chaque rangée, colonne et boîte de 3 x 3, et la somme des nombres dans chaque secteur doit être égale à l'indice dans le coin supérieur gauche du secteur. Aucun nombre ne peut être employé dans le même secteur plus d'une fois.

Idako

Formez une chaîne de nombres pour que chaque nombre touche au suivant en ordre croissant. Par exemple, commencez par le chiffre 1 : il doit toucher au chiffre 2 soit par en haut, par en bas, par la gauche, par la droite ou en diagonale. Le premier et le dernier nombre sont encerclés. Il suffit de relier tous les nombres afin qu'il ne reste aucune case vide. Pour chaque jeu, une seule solution est valide.

	29						
	30		41				
26							
							36
51					38		①
52						9	8
㊏		17					
		18					
20							

Hashi

Ce jeu est composé de chiffres placés dans des cercles, où chaque cercle représente une île et le chiffre de chaque île indique le nombre de ponts reliés à elle. Le but du jeu est de relier toutes les îles selon le nombre de ponts de sorte qu'il n'y ait pas plus de deux ponts dans la même direction et un chemin continu reliant toutes les îles ensemble. Les ponts peuvent être disposés seulement de façon verticale ou horizontale et ne doivent pas croiser d'îles ou d'autres ponts.

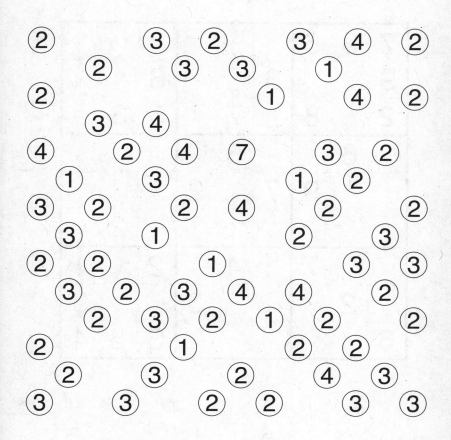

Sudoku image

Le principe est le même qu'un sudoku classique, cependant, les chiffres sont disposés au départ de façon à former une image. Une nouvelle façon amusante de faire un sudoku !

7	3	6						
9			3			8		
2		8		7		6	3	
	6			5				
		9	7		2	1		
				1			2	
	7		4			2		1
	2				3			9
6						3	5	4

Hitori

Ce jeu est composé d'une grille carrée remplie de chiffres. Le but du jeu est d'ombrer des cases de sorte que les chiffres n'apparaissent pas dans une rangée ou une colonne plus d'une fois. En outre, les cases ombrées ne doivent pas se toucher verticalement ou horizontalement tandis que toutes les cases non ombrées doivent créer un seul secteur continu.

11	9	10	2	1	9	13	10	5	10	8	4	1	3
1	14	12	7	7	3	10	11	12	1	4	13	5	9
9	13	11	7	10	2	2	7	13	9	3	5	1	4
3	6	1	8	2	9	12	9	11	7	7	14	14	13
8	3	5	12	13	10	11	10	9	9	1	7	6	7
13	9	14	12	2	6	4	4	1	3	7	10	14	8
5	4	7	3	14	11	14	2	4	5	12	13	10	7
7	5	6	13	11	12	3	5	4	12	12	1	9	14
6	11	13	1	8	14	5	5	6	3	9	13	12	4
4	14	8	13	10	12	6	1	14	2	12	11	12	5
6	1	12	10	5	2	9	13	8	6	14	2	11	12
14	10	4	7	12	7	6	6	4	13	2	3	6	1
1	2	5	14	5	1	8	13	7	6	6	6	4	12
2	13	9	4	7	5	11	3	11	14	11	6	8	10

Multi kakuro

1. N'utiliser que les chiffres de 1 à 9.
2. La somme d'un bloc doit correspondre au chiffre indiqué à gauche de la rangée ou en haut de la colonne. (Dans un même carré, le nombre du haut correspond à la somme de la rangée et celui du bas, à celle de la colonne.)
3. Un chiffre ne peut se retrouver qu'une seule fois dans un bloc. Il peut, par contre, se retrouver plus d'une fois dans une même colonne ou une même rangée, à la condition d'être dans un bloc différent.

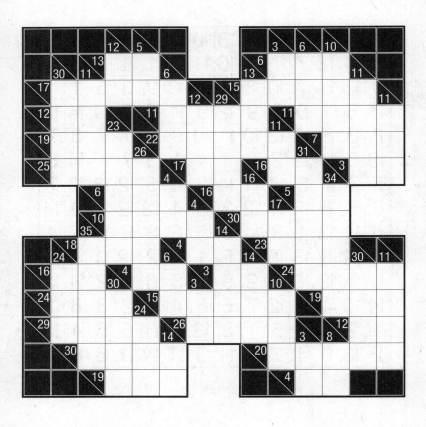

Sudoku irrégulier

Le principe est le même que celui du sudoku classique :

Il faut remplir les cases vides de la grille en respectant toujours les 3 règles principales :

1. Chaque case doit contenir un chiffre de 1 à 9.

2. Tous les chiffres de 1 à 9 doivent se retrouver dans chaque colonne, chaque rangée et chaque bloc.

3. Aucun chiffre ne doit se répéter dans une même colonne, ligne ou région. Cependant, les blocs sont de forme irrégulière.

Futoshiki

Le principe de base ressemble à celui du sudoku. Le but du jeu est de remplir les cases vides de la grille en respectant toujours les 4 règles principales :

1. Chaque ligne et colonne doit contenir un chiffre de 1 à 4, 1 à 5, 1 à 6, 1 à 7, 1 à 8 ou 1 à 9.

2. Tous les chiffres doivent se retrouver dans chaque colonne, chaque rangée.

3. Aucun chiffre ne doit se répéter dans une même colonne ou ligne.

4. Les signes < et > entre certaines cases servent d'indices en vous indiquant si le chiffre est plus grand ou plus petit.

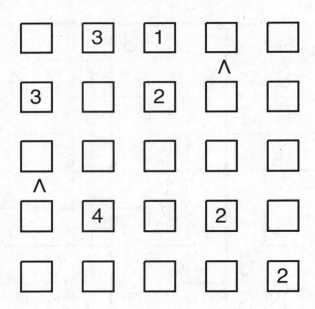

Somme sudoku

Chaque puzzle se compose d'une grille de 9 x 9 contenant des secteurs entourés par des lignes grises. Vous devez remplir toutes les cases de sorte que les numéros de 1 à 9 apparaissent exactement une fois dans chaque rangée, colonne et boîte de 3 x 3, et la somme des nombres dans chaque secteur doit être égale à l'indice dans le coin supérieur gauche du secteur. Aucun nombre ne peut être employé dans le même secteur plus d'une fois.

7		29		8		4	23	
			8					**6**
7	23			23				17
		7				6		
23			16	11	16			
		9			11	**7**	10	
17	3					24		
		2	18		17			7
	15	14	7		21			
	7				**8**		12	

Idako

Formez une chaîne de nombres pour que chaque nombre touche au suivant en ordre croissant. Par exemple, commencez par le chiffre 1 : il doit toucher au chiffre 2 soit par en haut, par en bas, par la gauche, par la droite ou en diagonale. Le premier et le dernier nombre sont encerclés. Il suffit de relier tous les nombres afin qu'il ne reste aucune case vide. Pour chaque jeu, une seule solution est valide.

		31	32				
					①		
37		24		2		㊶	
	22						55
	41					52	
	42						
		49					
		16	13				

Hashi

Ce jeu est composé de chiffres placés dans des cercles, où chaque cercle représente une île et le chiffre de chaque île indique le nombre de ponts reliés à elle. Le but du jeu est de relier toutes les îles selon le nombre de ponts de sorte qu'il n'y ait pas plus de deux ponts dans la même direction et un chemin continu reliant toutes les îles ensemble. Les ponts peuvent être disposés seulement de façon verticale ou horizontale et ne doivent pas croiser d'îles ou d'autres ponts.

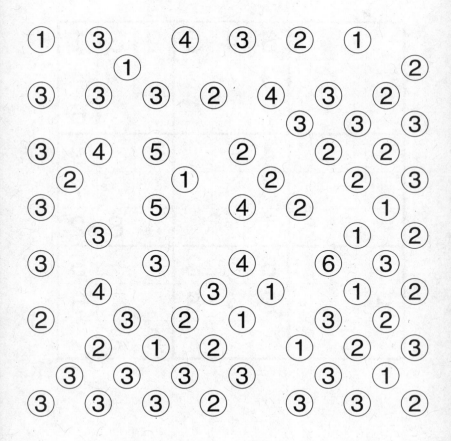

Sudoku image

Le principe est le même qu'un sudoku classique, cependant, les chiffres sont disposés au départ de façon à former une image. Une nouvelle façon amusante de faire un sudoku !

			8	4	5	9	3	1
			3					4
			7					6
			4					9
			5					7
	3	6	1			4	8	2
4			6		3			5
9			2		8			3
	7	5				6	2	

Hitori

Ce jeu est composé d'une grille carrée remplie de chiffres. Le but du jeu est d'ombrer des cases de sorte que les chiffres n'apparaissent pas dans une rangée ou une colonne plus d'une fois. En outre, les cases ombrées ne doivent pas se toucher verticalement ou horizontalement tandis que toutes les cases non ombrées doivent créer un seul secteur continu.

3	5	11	12	12	4	10	5	7	6	4	1	14	2
6	4	2	3	5	12	7	7	7	10	14	8	13	3
9	14	8	8	13	5	4	13	11	3	10	2	10	12
1	14	14	13	9	1	2	13	8	5	11	2	4	4
12	8	10	12	14	2	5	9	9	1	5	7	3	11
6	13	10	7	10	1	11	3	14	4	12	1	9	13
7	7	8	9	4	9	3	5	2	11	12	12	10	5
5	2	8	10	4	11	9	14	10	9	4	3	12	1
14	5	5	6	3	5	9	11	10	2	13	4	7	14
5	6	1	2	12	7	9	1	10	13	3	4	8	8
13	12	9	4	6	8	1	12	3	5	7	4	2	14
7	10	4	1	14	13	8	12	14	7	12	11	8	4
4	5	1	3	13	6	7	2	5	12	6	10	12	9
12	11	13	9	2	10	5	8	4	4	1	8	6	13

Multi kakuro

1. N'utiliser que les chiffres de 1 à 9.

2. La somme d'un bloc doit correspondre au chiffre indiqué à gauche de la rangée ou en haut de la colonne. (Dans un même carré, le nombre du haut correspond à la somme de la rangée et celui du bas, à celle de la colonne.)

3. Un chiffre ne peut se retrouver qu'une seule fois dans un bloc. Il peut, par contre, se retrouver plus d'une fois dans une même colonne ou une même rangée, à la condition d'être dans un bloc différent.

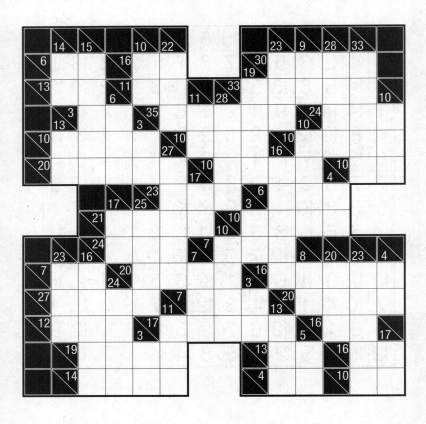

Sudoku irrégulier

Le principe est le même que celui du sudoku classique :

Il faut remplir les cases vides de la grille en respectant toujours les 3 règles principales :

1. Chaque case doit contenir un chiffre de 1 à 9.

2. Tous les chiffres de 1 à 9 doivent se retrouver dans chaque colonne, chaque rangée et chaque bloc.

3. Aucun chiffre ne doit se répéter dans une même colonne, ligne ou région. Cependant, les blocs sont de forme irrégulière.

	7			8			6	
5			2			9		
		1			8			7
	3			1			2	
4			8			3		
		2			7			4
	4			9			5	
6			1			7		
		3			9			6

Fubuki

Placez les nombres manquants de façon à obtenir par
additions successives le résultat de chaque colonne et rangée.

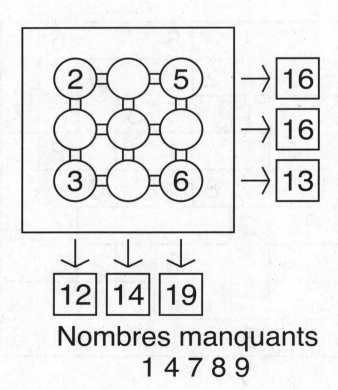

Nombres manquants
1 4 7 8 9

Somme sudoku

Chaque puzzle se compose d'une grille de 9 x 9 contenant des secteurs entourés par des lignes grises. Vous devez remplir toutes les cases de sorte que les numéros de 1 à 9 apparaissent exactement une fois dans chaque rangée, colonne et boîte de 3 x 3, et la somme des nombres dans chaque secteur doit être égale à l'indice dans le coin supérieur gauche du secteur. Aucun nombre ne peut être employé dans le même secteur plus d'une fois.

15	12	18		8	3		27	4
			16	10		7		
5	16				28	14		16
		17						
14			17	9		7		
	18			20			4	10
	17				11	19		
11	14	2						15
		9		18	1			

Idako

Formez une chaîne de nombres pour que chaque nombre touche au suivant en ordre croissant. Par exemple, commencez par le chiffre 1 : il doit toucher au chiffre 2 soit par en haut, par en bas, par la gauche, par la droite ou en diagonale. Le premier et le dernier nombre sont encerclés. Il suffit de relier tous les nombres afin qu'il ne reste aucune case vide. Pour chaque jeu, une seule solution est valide.

	14					
		12		34		
9						
6					32	
	7				29	
	2				46	26
	①1		21	47		25
		㊵56				

Hashi

Ce jeu est composé de chiffres placés dans des cercles, où chaque cercle représente une île et le chiffre de chaque île indique le nombre de ponts reliés à elle. Le but du jeu est de relier toutes les îles selon le nombre de ponts de sorte qu'il n'y ait pas plus de deux ponts dans la même direction et un chemin continu reliant toutes les îles ensemble. Les ponts peuvent être disposés seulement de façon verticale ou horizontale et ne doivent pas croiser d'îles ou d'autres ponts.

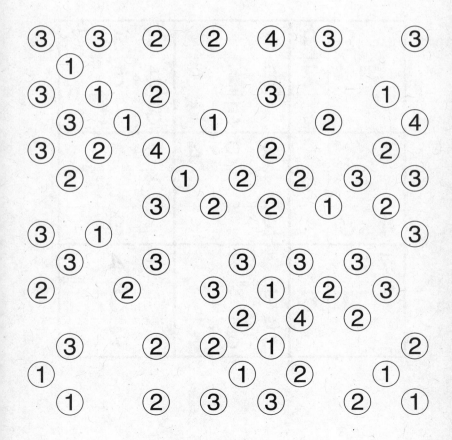

Sudoku image

Le principe est le même qu'un sudoku classique, cependant, les chiffres sont disposés au départ de façon à former une image. Une nouvelle façon amusante de faire un sudoku !

5	9	8	4				1	7
		7	8	1	9	4	5	
		1	9	5	7	6		
		5	3	9	4			
		2	1		8	3		
1	8	3	2		5		9	4
7		9	9				4	
8	1	6	7	4			3	
		4	6	8			7	

Hitori

Ce jeu est composé d'une grille carrée remplie de chiffres. Le but du jeu est d'ombrer des cases de sorte que les chiffres n'apparaissent pas dans une rangée ou une colonne plus d'une fois. En outre, les cases ombrées ne doivent pas se toucher verticalement ou horizontalement tandis que toutes les cases non ombrées doivent créer un seul secteur continu.

9	2	8	10	6	12	4	5	13	6	1	7	14	11
2	13	3	11	4	10	8	7	5	9	1	1	8	5
11	5	5	5	7	12	8	4	9	6	14	6	10	3
5	11	3	14	10	1	6	1	7	4	7	2	5	9
13	1	11	9	11	4	12	3	6	12	5	7	7	7
12	10	3	1	11	3	3	6	5	2	1	13	4	14
10	10	4	6	11	11	13	5	3	5	8	5	2	2
9	7	3	2	13	14	5	14	4	8	4	4	3	1
3	10	12	1	4	14	1	11	8	11	7	7	9	11
4	5	6	3	1	2	9	10	4	7	11	12	8	13
7	1	9	5	5	5	2	4	14	6	6	6	13	4
1	2	14	8	1	6	7	12	5	3	12	10	11	4
1	6	13	10	14	7	12	1	2	5	9	3	12	7
6	8	14	13	2	5	11	5	12	10	12	9	1	2

Multi kakuro

1. N'utiliser que les chiffres de 1 à 9.
2. La somme d'un bloc doit correspondre au chiffre indiqué à gauche de la rangée ou en haut de la colonne. (Dans un même carré, le nombre du haut correspond à la somme de la rangée et celui du bas, à celle de la colonne.)
3. Un chiffre ne peut se retrouver qu'une seule fois dans un bloc. Il peut, par contre, se retrouver plus d'une fois dans une même colonne ou une même rangée, à la condition d'être dans un bloc différent.

Sudoku irrégulier

Le principe est le même que celui du sudoku classique :

Il faut remplir les cases vides de la grille en respectant toujours les 3 règles principales :

1. Chaque case doit contenir un chiffre de 1 à 9.

2. Tous les chiffres de 1 à 9 doivent se retrouver dans chaque colonne, chaque rangée et chaque bloc.

3. Aucun chiffre ne doit se répéter dans une même colonne, ligne ou région.

Cependant, les blocs sont de forme irrégulière.

8								1
		7	6		2	4		
	3			4			6	
	1						9	
		2				5		
	6						3	
	9			8			2	
		8	5		1	3		
4								7

Futoshiki

Le principe de base ressemble à celui du sudoku. Le but du jeu est de remplir les cases vides de la grille en respectant toujours les 4 règles principales :

1. Chaque ligne et colonne doit contenir un chiffre de 1 à 4, 1 à 5, 1 à 6, 1 à 7, 1 à 8 ou 1 à 9.

2. Tous les chiffres doivent se retrouver dans chaque colonne, chaque rangée.

3. Aucun chiffre ne doit se répéter dans une même colonne ou ligne.

4. Les signes < et > entre certaines cases servent d'indices en vous indiquant si le chiffre est plus grand ou plus petit.

		5		
∨	∨			
	2			5
		4		
			1	2

Somme sudoku

Chaque puzzle se compose d'une grille de 9 x 9 contenant des secteurs entourés par des lignes grises. Vous devez remplir toutes les cases de sorte que les numéros de 1 à 9 apparaissent exactement une fois dans chaque rangée, colonne et boîte de 3 x 3, et la somme des nombres dans chaque secteur doit être égale à l'indice dans le coin supérieur gauche du secteur. Aucun nombre ne peut être employé dans le même secteur plus d'une fois.

4		11			30			
19	12		20	16		3		11
		26		5		8		
	5				20		**3**	3
3	27	32		**9**		17		
		9	5		17		**5**	
9	16		15				17	
	3					11		
19			20			6		

Idako

Formez une chaîne de nombres pour que chaque nombre touche au suivant en ordre croissant. Par exemple, commencez par le chiffre 1 : il doit toucher au chiffre 2 soit par en haut, par en bas, par la gauche, par la droite ou en diagonale. Le premier et le dernier nombre sont encerclés. Il suffit de relier tous les nombres afin qu'il ne reste aucune case vide. Pour chaque jeu, une seule solution est valide.

		18	23	21				
13								
	11	①				㊱		
	2						53	32
	4				51			
		5		39				
		43		47				
				48				

Hashi

Ce jeu est composé de chiffres placés dans des cercles, où chaque cercle représente une île et le chiffre de chaque île indique le nombre de ponts reliés à elle. Le but du jeu est de relier toutes les îles selon le nombre de ponts de sorte qu'il n'y ait pas plus de deux ponts dans la même direction et un chemin continu reliant toutes les îles ensemble. Les ponts peuvent être disposés seulement de façon verticale ou horizontale et ne doivent pas croiser d'îles ou d'autres ponts.

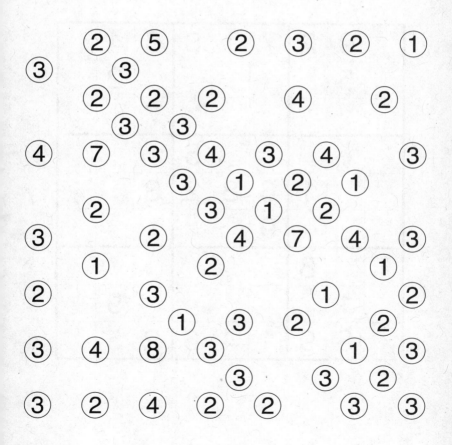

Sudoku image

Le principe est le même qu'un sudoku classique, cependant, les chiffres sont disposés au départ de façon à former une image. Une nouvelle façon amusante de faire un sudoku !

	9	2	7	1	8	6	4	
	5						2	
						7		
					5			
		1	6	8	2	3		
		9						
		8						
	1						9	
	3	9	1	4	6	2	5	

Hitori

Ce jeu est composé d'une grille carrée remplie de chiffres. Le but du jeu est d'ombrer des cases de sorte que les chiffres n'apparaissent pas dans une rangée ou une colonne plus d'une fois. En outre, les cases ombrées ne doivent pas se toucher verticalement ou horizontalement tandis que toutes les cases non ombrées doivent créer un seul secteur continu.

6	6	4	1	2	9	10	13	3	3	11	12	14	12
3	11	13	12	8	3	9	10	12	1	14	2	13	4
14	12	3	7	12	8	5	1	13	5	9	1	6	10
12	7	14	2	6	4	8	10	3	1	11	13	7	5
8	13	5	4	8	14	12	12	2	9	10	1	11	2
13	5	8	1	2	5	7	3	11	2	1	6	13	9
12	9	6	10	4	6	11	11	11	2	4	8	1	3
10	2	6	14	7	14	1	9	4	11	8	13	5	13
13	14	6	9	1	7	3	8	8	10	12	3	11	6
4	5	9	2	11	12	14	5	7	6	6	10	3	13
1	6	11	8	3	12	12	4	5	7	5	11	6	14
11	8	7	12	7	1	6	6	14	10	3	5	4	11
9	13	11	3	14	4	4	2	12	13	7	6	8	3
2	4	14	11	1	10	5	5	6	3	13	12	12	7

Multi kakuro

1. N'utiliser que les chiffres de 1 à 9.

2. La somme d'un bloc doit correspondre au chiffre indiqué à gauche de la rangée ou en haut de la colonne. (Dans un même carré, le nombre du haut correspond à la somme de la rangée et celui du bas, à celle de la colonne.)

3. Un chiffre ne peut se retrouver qu'une seule fois dans un bloc. Il peut, par contre, se retrouver plus d'une fois dans une même colonne ou une même rangée, à la condition d'être dans un bloc différent.

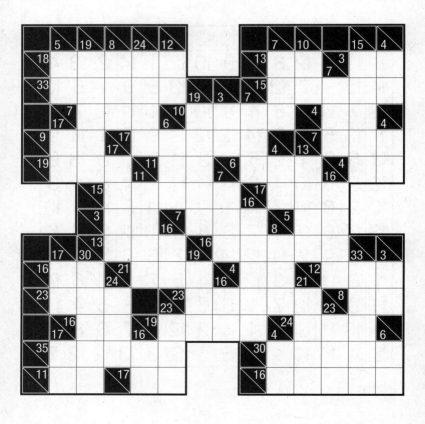

Sudoku irrégulier

Le principe est le même que celui du sudoku classique :
Il faut remplir les cases vides de la grille en respectant toujours les 3 règles principales :

1. Chaque case doit contenir un chiffre de 1 à 9.
2. Tous les chiffres de 1 à 9 doivent se retrouver dans chaque colonne, chaque rangée et chaque bloc.
3. Aucun chiffre ne doit se répéter dans une même colonne, ligne ou région.
Cependant, les blocs sont de forme irrégulière.

		2	6	7		4		
							8	
8			9	6				2
9		6						
1		4				5		6
						8		1
7				1	3			9
	9							
		3		5	2	9		

Fubuki

Placez les nombres manquants de façon à obtenir par additions successives le résultat de chaque colonne et rangée.

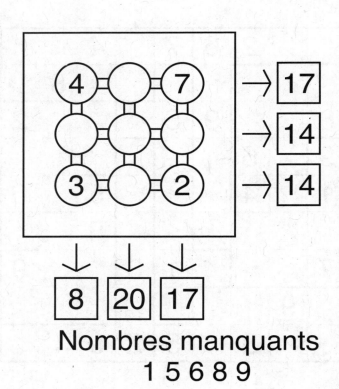

Nombres manquants
1 5 6 8 9

Somme sudoku

Chaque puzzle se compose d'une grille de 9 x 9 contenant des secteurs entourés par des lignes grises. Vous devez remplir toutes les cases de sorte que les numéros de 1 à 9 apparaissent exactement une fois dans chaque rangée, colonne et boîte de 3 x 3, et la somme des nombres dans chaque secteur doit être égale à l'indice dans le coin supérieur gauche du secteur. Aucun nombre ne peut être employé dans le même secteur plus d'une fois.

17		20			4		9	
3			7		28	**9**		17
14	25			24		10		**1**
	4					19		
	22		8	**3**				14
17		19			24	4		
6	6		28					
		8		11		21	4	
8		3				15		

Idako

Formez une chaîne de nombres pour que chaque nombre touche au suivant en ordre croissant. Par exemple, commencez par le chiffre 1 : il doit toucher au chiffre 2 soit par en haut, par en bas, par la gauche, par la droite ou en diagonale. Le premier et le dernier nombre sont encerclés. Il suffit de relier tous les nombres afin qu'il ne reste aucune case vide. Pour chaque jeu, une seule solution est valide.

		23					
				25			
45			20			11	(1)
	44						
						3	
						7	
	41		51		30		6
		52		32			
	36				(56)		

Hashi

Ce jeu est composé de chiffres placés dans des cercles, où chaque cercle représente une île et le chiffre de chaque île indique le nombre de ponts reliés à elle. Le but du jeu est de relier toutes les îles selon le nombre de ponts de sorte qu'il n'y ait pas plus de deux ponts dans la même direction et un chemin continu reliant toutes les îles ensemble. Les ponts peuvent être disposés seulement de façon verticale ou horizontale et ne doivent pas croiser d'îles ou d'autres ponts.

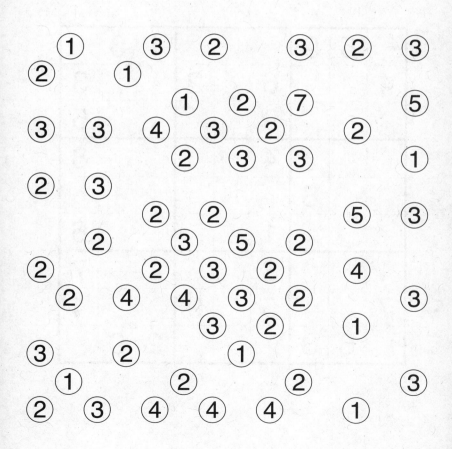

Sudoku image

Le principe est le même qu'un sudoku classique, cependant, les chiffres sont disposés au départ de façon à former une image. Une nouvelle façon amusante de faire un sudoku !

	5	9				1	8	
4			6		2			3
			9					5
			4					8
		8					1	
			1					6
			3					7
7			5		9			4
	6	3				2	9	

Hitori

Ce jeu est composé d'une grille carrée remplie de chiffres. Le but du jeu est d'ombrer des cases de sorte que les chiffres n'apparaissent pas dans une rangée ou une colonne plus d'une fois. En outre, les cases ombrées ne doivent pas se toucher verticalement ou horizontalement tandis que toutes les cases non ombrées doivent créer un seul secteur continu.

9	12	3	6	4	2	6	1	9	10	10	13	11	7
2	9	7	13	8	2	10	11	3	14	2	5	4	12
11	8	2	3	9	6	9	8	1	10	5	7	7	7
2	10	1	3	13	4	5	14	3	6	10	8	3	7
3	5	10	10	9	8	9	11	4	11	1	14	13	14
12	2	4	8	14	4	13	6	3	9	7	1	2	10
3	13	7	14	5	10	5	3	5	9	11	7	6	4
1	8	11	13	2	13	7	6	14	4	9	3	5	5
10	6	10	5	1	11	11	13	12	13	14	7	8	2
4	10	13	2	11	3	1	10	5	7	4	9	5	14
6	4	6	9	1	11	14	7	10	2	8	13	1	10
4	3	14	2	7	13	1	4	11	7	13	10	14	9
8	5	5	7	6	1	11	9	8	12	7	2	10	4
5	11	9	13	10	4	8	4	7	1	12	14	9	6

Multi kakuro

1. N'utiliser que les chiffres de 1 à 9.

2. La somme d'un bloc doit correspondre au chiffre indiqué à gauche de la rangée ou en haut de la colonne. (Dans un même carré, le nombre du haut correspond à la somme de la rangée et celui du bas, à celle de la colonne.)

3. Un chiffre ne peut se retrouver qu'une seule fois dans un bloc. Il peut, par contre, se retrouver plus d'une fois dans une même colonne ou une même rangée, à la condition d'être dans un bloc différent.

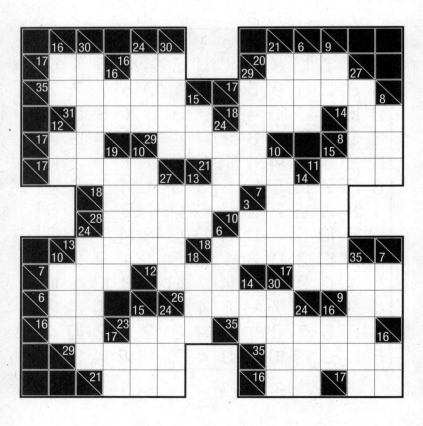

Sudoku irrégulier

Le principe est le même que celui du sudoku classique :

Il faut remplir les cases vides de la grille en respectant toujours les 3 règles principales :

1. Chaque case doit contenir un chiffre de 1 à 9.

2. Tous les chiffres de 1 à 9 doivent se retrouver dans chaque colonne, chaque rangée et chaque bloc.

3. Aucun chiffre ne doit se répéter dans une même colonne, ligne ou région. Cependant, les blocs sont de forme irrégulière.

			8	2	6			
	7			3			9	
				5				
1		9						5
4	6						3	9
5					8			2
		3						
	3		7			1		
	9	4	8					

Futoshiki

Le principe de base ressemble à celui du sudoku. Le but du jeu est de remplir les cases vides de la grille en respectant toujours les 4 règles principales :

1. Chaque ligne et colonne doit contenir un chiffre de 1 à 4, 1 à 5, 1 à 6, 1 à 7, 1 à 8 ou 1 à 9.
2. Tous les chiffres doivent se retrouver dans chaque colonne, chaque rangée.
3. Aucun chiffre ne doit se répéter dans une même colonne ou ligne.
4. Les signes < et > entre certaines cases servent d'indices en vous indiquant si le chiffre est plus grand ou plus petit.

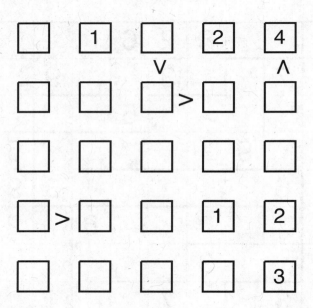

Somme sudoku

Chaque puzzle se compose d'une grille de 9 x 9 contenant des secteurs entourés par des lignes grises. Vous devez remplir toutes les cases de sorte que les numéros de 1 à 9 apparaissent exactement une fois dans chaque rangée, colonne et boîte de 3 x 3, et la somme des nombres dans chaque secteur doit être égale à l'indice dans le coin supérieur gauche du secteur. Aucun nombre ne peut être employé dans le même secteur plus d'une fois.

10		21	22				12	
			11		8		14	
14	28	9		15	**1**			13
		9	7	16				
3				**6**	16	30	8	
13			10				**8**	17
	23	16	**5**		5			
				3		22		
6		29					4	

Idako

Formez une chaîne de nombres pour que chaque nombre touche au suivant en ordre croissant. Par exemple, commencez par le chiffre 1 : il doit toucher au chiffre 2 soit par en haut, par en bas, par la gauche, par la droite ou en diagonale. Le premier et le dernier nombre sont encerclés. Il suffit de relier tous les nombres afin qu'il ne reste aucune case vide. Pour chaque jeu, une seule solution est valide.

	13						
		4	15				
9					①1		
	7					23	
		41			28	26	24
	46				30		
							㊲56
				33	52		
		36					

Hashi

Ce jeu est composé de chiffres placés dans des cercles, où chaque cercle représente une île et le chiffre de chaque île indique le nombre de ponts reliés à elle. Le but du jeu est de relier toutes les îles selon le nombre de ponts de sorte qu'il n'y ait pas plus de deux ponts dans la même direction et un chemin continu reliant toutes les îles ensemble. Les ponts peuvent être disposés seulement de façon verticale ou horizontale et ne doivent pas croiser d'îles ou d'autres ponts.

Sudoku image

Le principe est le même qu'un sudoku classique, cependant, les chiffres sont disposés au départ de façon à former une image. Une nouvelle façon amusante de faire un sudoku !

				7				
			8		4			
		2				5		
	9						8	
5		6	2	9	7	3		1
	1						5	
	6			3	9		2	
	2			4	8		3	
	3	4	5	6	2	7	9	

Hitori

Ce jeu est composé d'une grille carrée remplie de chiffres. Le but du jeu est d'ombrer des cases de sorte que les chiffres n'apparaissent pas dans une rangée ou une colonne plus d'une fois. En outre, les cases ombrées ne doivent pas se toucher verticalement ou horizontalement tandis que toutes les cases non ombrées doivent créer un seul secteur continu.

14	6	4	12	8	3	1	3	13	9	10	11	8	10
10	12	12	7	4	1	13	6	5	11	2	1	14	3
13	14	3	2	11	5	8	3	4	1	14	12	10	6
10	1	2	4	8	6	8	7	8	11	13	11	12	11
2	5	7	12	9	9	5	9	6	10	4	4	4	13
4	11	2	6	12	7	13	14	1	12	3	10	5	10
9	8	10	1	6	13	3	12	14	11	4	9	1	5
6	10	8	3	13	2	6	8	5	13	1	9	7	4
6	14	8	1	3	4	11	3	12	4	9	7	1	9
3	13	8	5	8	11	6	1	2	2	12	3	10	14
9	14	1	14	7	14	2	3	10	3	9	13	6	8
8	9	12	9	1	3	10	11	6	6	5	9	10	2
8	5	14	11	8	12	7	13	2	6	4	1	13	12
12	3	11	14	13	10	13	5	9	6	8	6	2	7

Multi kakuro

1. N'utiliser que les chiffres de 1 à 9.
2. La somme d'un bloc doit correspondre au chiffre indiqué à gauche de la rangée ou en haut de la colonne. (Dans un même carré, le nombre du haut correspond à la somme de la rangée et celui du bas, à celle de la colonne.)
3. Un chiffre ne peut se retrouver qu'une seule fois dans un bloc. Il peut, par contre, se retrouver plus d'une fois dans une même colonne ou une même rangée, à la condition d'être dans un bloc différent.

Sudoku irrégulier

Le principe est le même que celui du sudoku classique :
Il faut remplir les cases vides de la grille en respectant toujours les 3 règles principales :
1. Chaque case doit contenir un chiffre de 1 à 9.
2. Tous les chiffres de 1 à 9 doivent se retrouver dans chaque colonne, chaque rangée et chaque bloc.
3. Aucun chiffre ne doit se répéter dans une même colonne, ligne ou région. Cependant, les blocs sont de forme irrégulière.

Fubuki

Placez les nombres manquants de façon à obtenir par additions successives le résultat de chaque colonne et rangée.

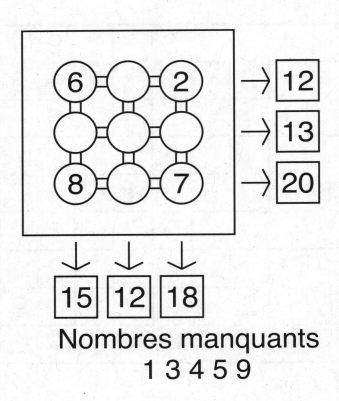

Nombres manquants
1 3 4 5 9

Somme sudoku

Chaque puzzle se compose d'une grille de 9 x 9 contenant des secteurs entourés par des lignes grises. Vous devez remplir toutes les cases de sorte que les numéros de 1 à 9 apparaissent exactement une fois dans chaque rangée, colonne et boîte de 3 x 3, et la somme des nombres dans chaque secteur doit être égale à l'indice dans le coin supérieur gauche du secteur. Aucun nombre ne peut être employé dans le même secteur plus d'une fois.

Jeu 120

Idako

Formez une chaîne de nombres pour que chaque nombre touche au suivant en ordre croissant. Par exemple, commencez par le chiffre 1 : il doit toucher au chiffre 2 soit par en haut, par en bas, par la gauche, par la droite ou en diagonale. Le premier et le dernier nombre sont encerclés. Il suffit de relier tous les nombres afin qu'il ne reste aucune case vide. Pour chaque jeu, une seule solution est valide.

		28	33	32	35		
24					49		39
	22					40	
	21						42
	(56)						
		(1)			5		
			2				
		14		10	8		

Hashi

Ce jeu est composé de chiffres placés dans des cercles, où chaque cercle représente une île et le chiffre de chaque île indique le nombre de ponts reliés à elle. Le but du jeu est de relier toutes les îles selon le nombre de ponts de sorte qu'il n'y ait pas plus de deux ponts dans la même direction et un chemin continu reliant toutes les îles ensemble. Les ponts peuvent être disposés seulement de façon verticale ou horizontale et ne doivent pas croiser d'îles ou d'autres ponts.

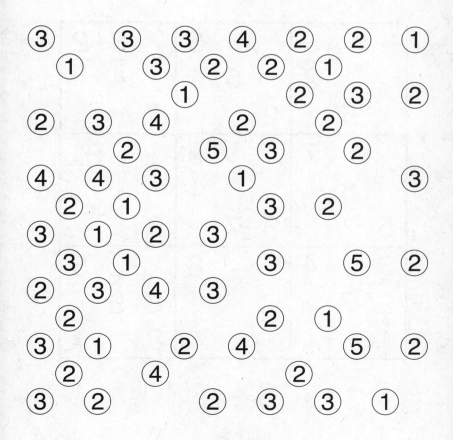

Jeu 122

Sudoku image

Le principe est le même qu'un sudoku classique, cependant, les chiffres sont disposés au départ de façon à former une image. Une nouvelle façon amusante de faire un sudoku !

					5	7	8	2
	1	2		6			4	
	5		2			1		
		7			9			
	6				1			
5			3	7		9		
3		4			8		2	5
2	7					8	9	
1						3		

Hitori

Ce jeu est composé d'une grille carrée remplie de chiffres. Le but du jeu est d'ombrer des cases de sorte que les chiffres n'apparaissent pas dans une rangée ou une colonne plus d'une fois. En outre, les cases ombrées ne doivent pas se toucher verticalement ou horizontalement tandis que toutes les cases non ombrées doivent créer un seul secteur continu.

13	11	4	10	8	8	12	14	12	9	7	2	3	4
8	1	4	11	13	13	9	1	6	12	8	5	8	14
2	6	7	2	11	3	1	13	9	13	8	10	5	13
5	7	3	7	14	6	7	11	7	10	8	8	1	4
1	10	5	9	2	4	2	8	13	14	3	6	7	12
6	1	1	13	10	13	7	11	5	14	4	14	2	2
4	4	14	8	9	10	11	5	11	13	12	7	6	12
14	6	9	4	4	4	3	7	13	1	12	11	2	11
4	7	14	14	14	9	6	3	8	11	11	13	11	10
11	8	10	1	12	14	5	7	2	7	6	3	9	5
3	2	2	5	2	12	14	9	14	13	11	13	10	6
7	13	7	2	5	14	11	1	4	8	10	12	4	3
1	12	11	12	7	2	8	10	8	4	5	6	13	14
11	9	7	4	13	5	9	6	3	3	10	2	1	8

Multi kakuro

1. N'utiliser que les chiffres de 1 à 9.

2. La somme d'un bloc doit correspondre au chiffre indiqué à gauche de la rangée ou en haut de la colonne. (Dans un même carré, le nombre du haut correspond à la somme de la rangée et celui du bas, à celle de la colonne.)

3. Un chiffre ne peut se retrouver qu'une seule fois dans un bloc. Il peut, par contre, se retrouver plus d'une fois dans une même colonne ou une même rangée, à la condition d'être dans un bloc différent.

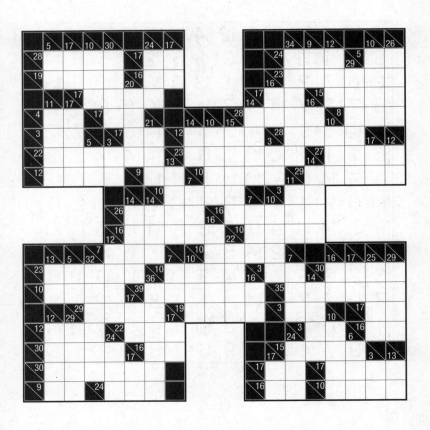

Sudoku irrégulier

Le principe est le même que celui du sudoku classique :
Il faut remplir les cases vides de la grille en respectant toujours les 3 règles principales :
1. Chaque case doit contenir un chiffre de 1 à 9.
2. Tous les chiffres de 1 à 9 doivent se retrouver dans chaque colonne, chaque rangée et chaque bloc.
3. Aucun chiffre ne doit se répéter dans une même colonne, ligne ou région. Cependant, les blocs sont de forme irrégulière.

	9	4	8			5		
		8			3			6
3				1	2		7	8
	7	3						1
		1			9			
5						3	4	
4	2		3	8				7
1			2			4		
		2			6	8	1	

 **Jeu 126**

Futoshiki

Le principe de base ressemble à celui du sudoku. Le but du jeu est de remplir les cases vides de la grille en respectant toujours les 4 règles principales :

1. Chaque ligne et colonne doit contenir un chiffre de 1 à 4, 1 à 5, 1 à 6, 1 à 7, 1 à 8 ou 1 à 9.
2. Tous les chiffres doivent se retrouver dans chaque colonne, chaque rangée.
3. Aucun chiffre ne doit se répéter dans une même colonne ou ligne.
4. Les signes < et > entre certaines cases servent d'indices en vous indiquant si le chiffre est plus grand ou plus petit.

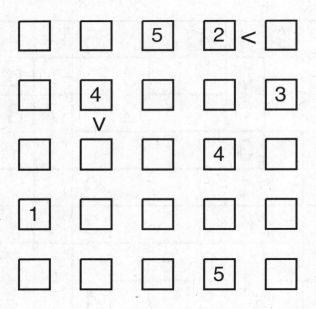

Somme sudoku

Chaque puzzle se compose d'une grille de 9 x 9 contenant des secteurs entourés par des lignes grises. Vous devez remplir toutes les cases de sorte que les numéros de 1 à 9 apparaissent exactement une fois dans chaque rangée, colonne et boîte de 3 x 3, et la somme des nombres dans chaque secteur doit être égale à l'indice dans le coin supérieur gauche du secteur. Aucun nombre ne peut être employé dans le même secteur plus d'une fois.

17	3		25		29		9	
		16			**7**			
28	**8**			5		18		4
7			13		10			
	11		19	**3**		3		23
14	24	7		3		16		
			7		13			**1**
9	16		30	**6**			20	
						6		

Idako

Formez une chaîne de nombres pour que chaque nombre touche au suivant en ordre croissant. Par exemple, commencez par le chiffre 1 : il doit toucher au chiffre 2 soit par en haut, par en bas, par la gauche, par la droite ou en diagonale. Le premier et le dernier nombre sont encerclés. Il suffit de relier tous les nombres afin qu'il ne reste aucune case vide. Pour chaque jeu, une seule solution est valide.

					41		
		47		43			
(56)	52	50					
		53			31	30	
		6					
	5				23		28
11			18			24	
	13	2					
	(1)						

 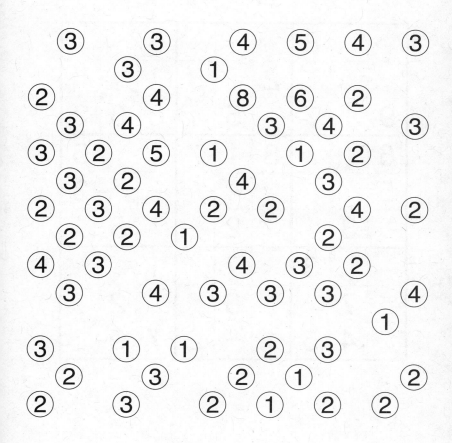

Hashi

 **Jeu 129**

Ce jeu est composé de chiffres placés dans des cercles, où chaque cercle représente une île et le chiffre de chaque île indique le nombre de ponts reliés à elle. Le but du jeu est de relier toutes les îles selon le nombre de ponts de sorte qu'il n'y ait pas plus de deux ponts dans la même direction et un chemin continu reliant toutes les îles ensemble. Les ponts peuvent être disposés seulement de façon verticale ou horizontale et ne doivent pas croiser d'îles ou d'autres ponts.

Sudoku image

Le principe est le même qu'un sudoku classique, cependant, les chiffres sont disposés au départ de façon à former une image. Une nouvelle façon amusante de faire un sudoku !

	8					5		
			2		8			
9	1	7		5		8	6	2
6			3	1	7			5
5				4				3
	3			2			8	
		3		7		1		
	7			8			2	
	4	5	1		2	7	9	

Hitori

Ce jeu est composé d'une grille carrée remplie de chiffres. Le but du jeu est d'ombrer des cases de sorte que les chiffres n'apparaissent pas dans une rangée ou une colonne plus d'une fois. En outre, les cases ombrées ne doivent pas se toucher verticalement ou horizontalement tandis que toutes les cases non ombrées doivent créer un seul secteur continu.

2	9	12	10	9	1	9	4	7	7	13	10	5	8
8	9	11	1	7	1	6	12	4	2	4	14	13	5
3	4	2	4	10	7	14	12	5	9	4	10	11	9
11	13	11	6	8	5	2	9	9	3	10	7	4	4
9	12	14	7	14	11	14	13	9	6	3	9	1	13
10	5	3	12	1	8	9	7	8	5	14	2	5	6
9	8	7	14	6	3	11	6	5	12	2	5	13	11
1	5	4	11	3	9	8	1	12	13	5	6	10	9
6	10	7	5	3	12	11	11	13	6	7	8	6	14
7	6	10	11	2	10	1	8	1	4	5	6	9	13
6	2	13	9	11	14	1	10	1	12	6	12	6	3
14	7	6	12	4	10	10	1	2	8	9	13	3	13
13	12	9	4	11	6	13	5	10	10	10	1	11	2
9	3	7	2	13	2	5	14	11	14	1	4	12	10

Multi kakuro

1. N'utiliser que les chiffres de 1 à 9.

2. La somme d'un bloc doit correspondre au chiffre indiqué à gauche de la rangée ou en haut de la colonne. (Dans un même carré, le nombre du haut correspond à la somme de la rangée et celui du bas, à celle de la colonne.)

3. Un chiffre ne peut se retrouver qu'une seule fois dans un bloc. Il peut, par contre, se retrouver plus d'une fois dans une même colonne ou une même rangée, à la condition d'être dans un bloc différent.

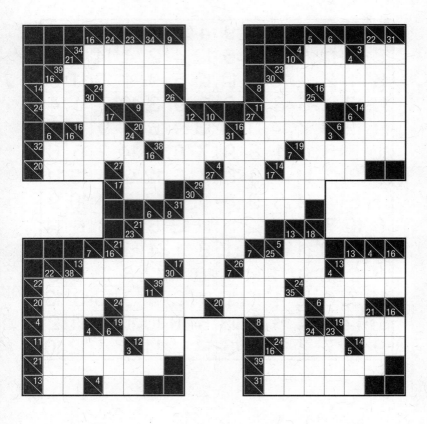

Sudoku irrégulier

Le principe est le même que celui du sudoku classique :
Il faut remplir les cases vides de la grille en respectant toujours les 3 règles principales :

1. Chaque case doit contenir un chiffre de 1 à 9.
2. Tous les chiffres de 1 à 9 doivent se retrouver dans chaque colonne, chaque rangée et chaque bloc.
3. Aucun chiffre ne doit se répéter dans une même colonne, ligne ou région.
Cependant, les blocs sont de forme irrégulière.

		6		3		5		7
	6				4			
9					6			3
						2	8	
5				4				1
	1	7						
4			9					8
			4				6	
2		1		8		3		

Fubuki

Placez les nombres manquants de façon à obtenir par additions successives le résultat de chaque colonne et rangée.

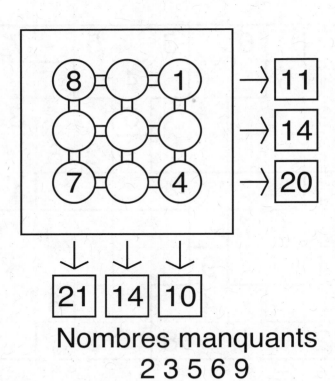

Nombres manquants
2 3 5 6 9

Somme sudoku

Chaque puzzle se compose d'une grille de 9 x 9 contenant des secteurs entourés par des lignes grises. Vous devez remplir toutes les cases de sorte que les numéros de 1 à 9 apparaissent exactement une fois dans chaque rangée, colonne et boîte de 3 x 3, et la somme des nombres dans chaque secteur doit être égale à l'indice dans le coin supérieur gauche du secteur. Aucun nombre ne peut être employé dans le même secteur plus d'une fois.

10		12	5	20		16	14
22 **8**	16	**1**			4		
	27		5				12
		12	**3**	17			
14	28						
12		18	**5**	19			
19	8	12	16		11		
4		22	13		**2**		**1**
			7		10		

Idako

Formez une chaîne de nombres pour que chaque nombre touche au suivant en ordre croissant. Par exemple, commencez par le chiffre 1 : il doit toucher au chiffre 2 soit par en haut, par en bas, par la gauche, par la droite ou en diagonale. Le premier et le dernier nombre sont encerclés. Il suffit de relier tous les nombres afin qu'il ne reste aucune case vide. Pour chaque jeu, une seule solution est valide.

		22							
				53					
	20	(56)		25	52		32	34	
								35	
	(1)	15					36		
3							40		
							41		
	7	8	12						
				43					

Hashi

Ce jeu est composé de chiffres placés dans des cercles, où chaque cercle représente une île et le chiffre de chaque île indique le nombre de ponts reliés à elle. Le but du jeu est de relier toutes les îles selon le nombre de ponts de sorte qu'il n'y ait pas plus de deux ponts dans la même direction et un chemin continu reliant toutes les îles ensemble. Les ponts peuvent être disposés seulement de façon verticale ou horizontale et ne doivent pas croiser d'îles ou d'autres ponts.

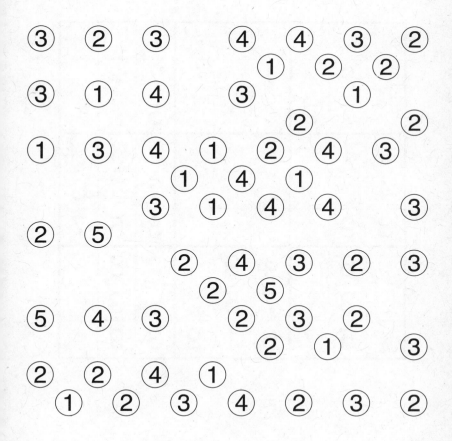

Sudoku image

Le principe est le même qu'un sudoku classique, cependant, les chiffres sont disposés au départ de façon à former une image. Une nouvelle façon amusante de faire un sudoku !

				7				
	2		1		5			
	7	9				5		
	1						4	
4								6
3	9					8	5	7
	6		4	9			8	
	3		7	5			2	
	5	7	6	1	2	3	9	

Hitori

Ce jeu est composé d'une grille carrée remplie de chiffres. Le but du jeu est d'ombrer des cases de sorte que les chiffres n'apparaissent pas dans une rangée ou une colonne plus d'une fois. En outre, les cases ombrées ne doivent pas se toucher verticalement ou horizontalement tandis que toutes les cases non ombrées doivent créer un seul secteur continu.

13	14	2	6	5	4	1	7	7	10	3	8	8	9
8	10	14	12	2	2	2	14	11	9	11	7	3	4
6	1	10	9	7	13	3	5	8	5	1	11	14	13
8	9	14	3	14	12	14	11	9	6	7	14	5	2
12	1	7	2	10	13	14	8	9	1	3	6	4	2
1	7	14	8	3	5	14	6	9	12	9	4	11	10
9	12	3	11	11	13	10	7	1	9	4	9	14	14
4	11	1	11	12	6	8	9	11	14	5	7	13	8
9	11	6	13	4	8	12	9	3	7	6	4	9	1
10	6	4	6	3	14	8	13	11	10	14	9	7	6
14	4	11	7	8	1	9	9	12	11	2	5	9	3
7	9	8	9	1	11	6	4	7	2	6	9	10	5
1	8	9	2	6	8	11	10	4	3	12	1	13	14
3	13	13	1	6	9	6	2	8	8	8	14	12	6

Multi kakuro

1. N'utiliser que les chiffres de 1 à 9.
2. La somme d'un bloc doit correspondre au chiffre indiqué à gauche de la rangée ou en haut de la colonne. (Dans un même carré, le nombre du haut correspond à la somme de la rangée et celui du bas, à celle de la colonne.)
3. Un chiffre ne peut se retrouver qu'une seule fois dans un bloc. Il peut, par contre, se retrouver plus d'une fois dans une même colonne ou une même rangée, à la condition d'être dans un bloc différent.

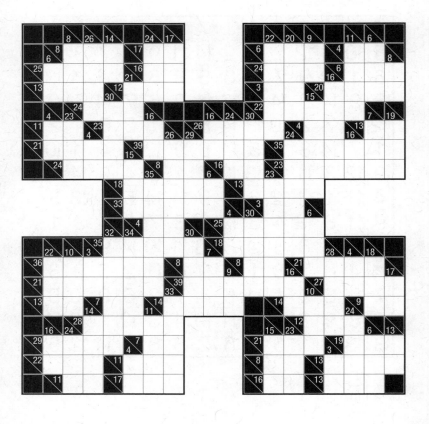

Sudoku irrégulier

Le principe est le même que celui du sudoku classique :

Il faut remplir les cases vides de la grille en respectant toujours les 3 règles principales :

1. Chaque case doit contenir un chiffre de 1 à 9.

2. Tous les chiffres de 1 à 9 doivent se retrouver dans chaque colonne, chaque rangée et chaque bloc.

3. Aucun chiffre ne doit se répéter dans une même colonne, ligne ou région. Cependant, les blocs sont de forme irrégulière.

		2		1			8	
3		4			9			
			3				5	4
	7					2		
7				8				9
		5					9	
4	2				6			
			9			4		3
	8			5		7		

Futoshiki

Le principe de base ressemble à celui du sudoku. Le but du jeu est de remplir les cases vides de la grille en respectant toujours les 4 règles principales :

1. Chaque ligne et colonne doit contenir un chiffre de 1 à 4, 1 à 5, 1 à 6, 1 à 7, 1 à 8 ou 1 à 9.
2. Tous les chiffres doivent se retrouver dans chaque colonne, chaque rangée.
3. Aucun chiffre ne doit se répéter dans une même colonne ou ligne.
4. Les signes < et > entre certaines cases servent d'indices en vous indiquant si le chiffre est plus grand ou plus petit.

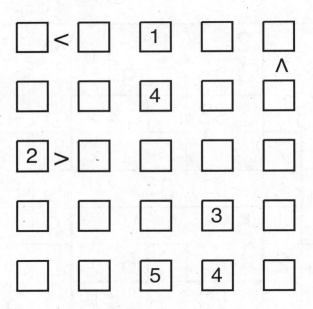

Somme sudoku

Chaque puzzle se compose d'une grille de 9 x 9 contenant des secteurs entourés par des lignes grises. Vous devez remplir toutes les cases de sorte que les numéros de 1 à 9 apparaissent exactement une fois dans chaque rangée, colonne et boîte de 3 x 3, et la somme des nombres dans chaque secteur doit être égale à l'indice dans le coin supérieur gauche du secteur. Aucun nombre ne peut être employé dans le même secteur plus d'une fois.

21 7	6 24	14
11	17	16 2
16 15	3 14	
14	13	
11	22	17 3
9	13 8	18 16
18 15	9	
3 22	16 6	18
	8	

Idako

Formez une chaîne de nombres pour que chaque nombre touche au suivant en ordre croissant. Par exemple, commencez par le chiffre 1 : il doit toucher au chiffre 2 soit par en haut, par en bas, par la gauche, par la droite ou en diagonale. Le premier et le dernier nombre sont encerclés. Il suffit de relier tous les nombres afin qu'il ne reste aucune case vide. Pour chaque jeu, une seule solution est valide.

	46						
		47					
		31		28	26		52	
								(56)
40							22	
	38	34						21
37		3		9			14	
				8			
		(1)	7		11		

Hashi

Ce jeu est composé de chiffres placés dans des cercles, où chaque cercle
représente une île et le chiffre de chaque île indique le nombre de ponts
reliés à elle. Le but du jeu est de relier toutes les îles selon le nombre de
ponts de sorte qu'il n'y ait pas plus de deux ponts dans la même direction
et un chemin continu reliant toutes les îles ensemble. Les ponts peuvent
être disposés seulement de façon verticale ou horizontale et ne doivent pas
croiser d'îles ou d'autres ponts.

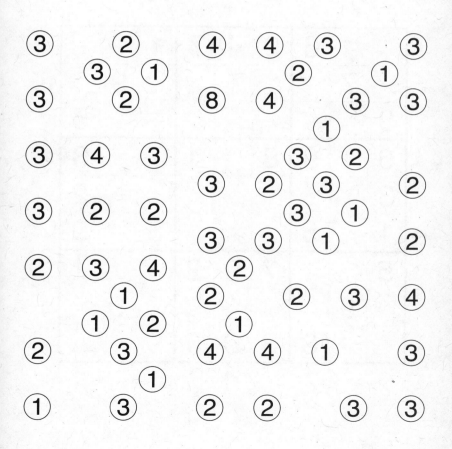

Sudoku image

Le principe est le même qu'un sudoku classique, cependant, les chiffres sont disposés au départ de façon à former une image. Une nouvelle façon amusante de faire un sudoku !

		6	9	4	7	1		
	7						9	
9								5
6		9	8		4	7		3
3								2
1		5				8		9
5			7	9	2			1
	9						5	
		8	3	6	5	9		

Hitori

Ce jeu est composé d'une grille carrée remplie de chiffres. Le but du jeu est d'ombrer des cases de sorte que les chiffres n'apparaissent pas dans une rangée ou une colonne plus d'une fois. En outre, les cases ombrées ne doivent pas se toucher verticalement ou horizontalement tandis que toutes les cases non ombrées doivent créer un seul secteur continu.

2	1	13	7	6	9	14	6	7	8	4	12	5	11
1	2	14	4	10	5	7	5	12	6	1	11	8	3
6	6	8	5	2	13	4	4	1	8	2	9	10	9
8	4	6	3	6	14	5	12	13	11	9	7	9	5
14	8	3	8	13	11	6	10	11	2	4	1	7	9
4	12	1	10	7	4	5	4	2	4	10	8	9	14
5	8	6	14	1	7	11	13	3	4	7	10	2	6
7	8	4	8	12	9	13	4	14	8	6	9	1	2
12	5	7	10	1	6	11	8	3	14	7	4	9	11
11	5	12	2	3	9	1	4	6	4	14	13	8	8
12	11	8	9	8	2	8	14	7	3	1	4	5	10
6	9	14	13	11	4	10	4	8	4	5	1	3	1
1	7	1	6	3	10	3	2	11	5	11	14	2	13
12	13	9	13	4	5	8	1	10	13	3	12	6	12

Multi kakuro

1. N'utiliser que les chiffres de 1 à 9.

2. La somme d'un bloc doit correspondre au chiffre indiqué à gauche de la rangée ou en haut de la colonne. (Dans un même carré, le nombre du haut correspond à la somme de la rangée et celui du bas, à celle de la colonne.)

3. Un chiffre ne peut se retrouver qu'une seule fois dans un bloc. Il peut, par contre, se retrouver plus d'une fois dans une même colonne ou une même rangée, à la condition d'être dans un bloc différent.

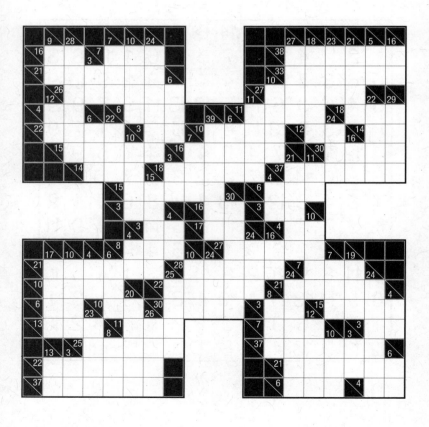

Sudoku irrégulier

Le principe est le même que celui du sudoku classique :

Il faut remplir les cases vides de la grille en respectant toujours les 3 règles principales :

1. Chaque case doit contenir un chiffre de 1 à 9.

2. Tous les chiffres de 1 à 9 doivent se retrouver dans chaque colonne, chaque rangée et chaque bloc.

3. Aucun chiffre ne doit se répéter dans une même colonne, ligne ou région. Cependant, les blocs sont de forme irrégulière.

Fubuki

Placez les nombres manquants de façon à obtenir par additions successives le résultat de chaque colonne et rangée.

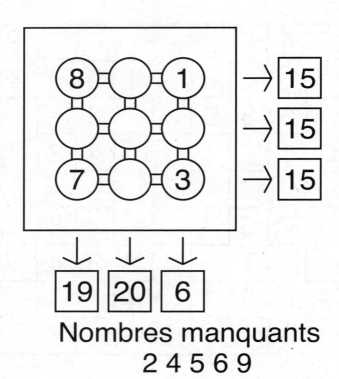

Nombres manquants
2 4 5 6 9

SOLUTIONS

Solutions

JEU 1

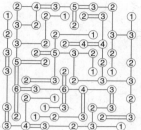

JEU 2

9	3	1	2	5	6	7	4	8
6	8	7	9	1	4	5	2	3
4	5	2	8	3	7	6	1	9
5	4	8	1	9	2	3	7	6
1	2	9	6	7	3	8	5	4
7	6	3	4	8	5	2	9	1
2	1	5	3	6	9	4	8	7
3	9	4	7	2	8	1	6	5
8	7	6	5	4	1	9	3	2

JEU 3

(grid)

JEU 4

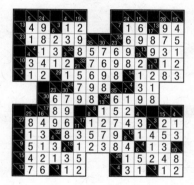

JEU 5

1	6	2	3	9	5	8	7	4
8	9	7	6	1	4	5	2	3
3	5	9	4	6	7	2	8	1
4	8	3	2	5	1	7	6	9
7	2	5	1	8	9	3	4	6
2	4	6	9	7	3	1	5	8
9	1	4	5	2	8	6	3	7
5	3	8	7	4	6	9	1	2
6	7	1	8	3	2	4	9	5

JEU 6

JEU 7

7	3	4	8	5	9	1	2	6
5	2	9	1	6	7	8	4	3
1	8	6	3	4	2	5	9	7
9	6	2	7	8	1	3	5	4
8	4	7	2	3	5	9	6	1
3	5	1	4	9	6	7	8	2
6	1	3	5	2	8	4	7	9
2	7	5	9	1	4	6	3	8
4	9	8	6	7	3	2	1	5

JEU 8

64	66	67	72	71	70	78	79	80
65	63	73	68	69	77	37	(81)	35
62	45	44	74	75	76	38	36	34
60	61	46	43	42	39	30	31	33
59	47	48	51	(1)	41	40	29	32
58	55	52	49	50	2	28	26	25
57	56	54	53	7	4	3	27	24
12	10	9	8	6	5	19	23	21
11	13	14	15	16	17	18	20	22

Solutions

JEU 9

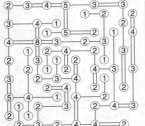

JEU 10

8	4	2	7	5	6	3	9	1
3	6	5	9	1	2	8	7	4
9	7	1	4	3	8	2	6	5
1	9	3	6	8	5	7	4	2
7	2	4	1	9	3	6	5	8
5	8	6	2	4	7	9	1	3
2	3	7	5	6	1	4	8	9
4	5	8	3	7	9	1	2	6
6	1	9	8	2	4	5	3	7

JEU 11

8	9	13	12	14	9	11	3	13	6	1	1	10	7
11	4	13	8	3	6	10	14	9	5	14	12	12	3
9	5	3	7	2	9	1	14	12	6	10	12	4	8
3	11	8	4	13	7	10	6	13	9	1	5	1	12
13	2	12	11	8	13	3	10	1	10	2	2	6	11
5	7	1	1	10	7	2	4	12	6	11	3	9	
2	4	5	14	6	12	7	5	8	11	4	13	3	10
14	8	9	4	4	5	7	7	1	12	10	3	6	
11	2	11	6	1	13	14	12	7	11	3	12	9	10
6	10	7	10	3	13	13	9	14	2	2	4	11	5
12	6	11	7	5	2	8	4	14	3	8	14	13	1
3	12	6	2	10	2	8	9	11	5	7	6	11	13
4	8	1	9	5	3	5	6	6	13	5	2	7	4
7	3	6	5	7	4	12	11	6	8	9	13	2	4

JEU 12

JEU 13

1	8	5	3	7	6	9	2	4
5	6	4	2	1	8	3	7	9
2	3	7	1	9	5	4	6	8
4	9	8	7	6	1	2	3	5
9	2	6	4	8	3	7	5	1
6	4	3	9	5	7	1	8	2
8	1	2	6	3	4	5	9	7
7	5	1	8	2	9	6	4	3
3	7	9	5	4	2	8	1	6

JEU 14

3	2	1	5	4
5	1	3	4	2
1	4	2	3 < 5
2	5	4	1	3
4	3	5	2	1

JEU 15

9	2	4	6	8	3	5	1	7
5	3	6	7	4	1	2	8	9
8	1	7	9	5	2	4	6	3
3	6	9	8	7	4	1	5	2
7	8	1	2	6	5	3	9	4
4	5	2	3	1	9	8	7	6
1	9	8	4	2	7	6	3	5
2	7	5	1	3	6	9	4	8
6	4	3	5	9	8	7	2	1

JEU 16

47	48	49	50	51	52	53	57	58
46	44	41	40	39	54	4	56	59
45	42	43	37	38	3	55	5	60
32	33	34	36	66	2	6	63	61
76	31	35	67	(1)	65	64	7	62
75	77	30	68	28	13	15	16	8
78	74	69	29	27	12	14	9	17
79	70	73	72	23	26	11	10	18
80	(81)	71	24	25	22	21	20	19

Solutions

JEU 17

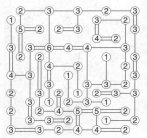

JEU 18

2	1	7	6	5	3	4	9	8
8	5	6	1	4	9	2	7	3
4	9	3	2	7	8	1	5	6
7	6	5	3	2	4	8	1	9
3	8	9	7	1	5	6	2	4
1	4	2	9	8	6	7	3	5
9	3	1	4	6	2	5	8	7
6	2	8	5	9	7	3	4	1
5	7	4	8	3	1	9	6	2

JEU 19

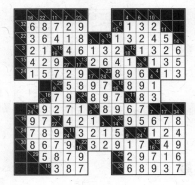

JEU 20

JEU 21

5	9	3	2	6	1	4	7	8
3	6	8	7	9	4	1	2	5
1	5	2	4	7	3	6	8	9
6	2	4	9	5	8	7	1	3
7	4	9	1	8	6	3	5	2
9	7	1	8	3	5	2	6	4
2	3	5	6	4	7	8	9	1
8	1	6	3	2	9	5	4	7
4	8	7	5	1	2	9	3	6

JEU 22

JEU 23

3	2	5	8	6	9	7	1	4
4	6	1	7	3	2	9	8	5
8	9	7	5	4	1	6	2	3
7	1	3	6	9	8	5	4	2
2	4	9	3	7	5	8	6	1
6	5	8	1	2	4	3	7	9
9	7	4	2	5	6	1	3	8
1	3	2	9	8	7	4	5	6
5	8	6	4	1	3	2	9	7

JEU 24

68	69	75	76	77	18	17	16	15
70	67	72	74	19	78	10	12	14
66	71	59	73	20	79	11	9	13
65	63	60	58	21	80	81	8	52
64	61	62	57	22	55	7	53	51
27	28	25	23	56	47	54	6	50
31	26	29	24	46	45	48	49	5
32	30	37	38	40	41	44	4	2
33	34	35	36	39	43	42	1	3

Solutions

JEU 25

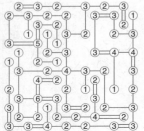

JEU 26

1	5	2	8	3	6	9	4	7
6	8	7	4	2	9	3	5	1
4	9	3	5	7	1	2	8	6
5	6	8	3	4	7	1	2	9
2	4	1	9	6	5	8	7	3
3	7	9	2	1	8	4	6	5
7	3	4	1	5	2	6	9	8
9	2	5	6	8	3	7	1	4
8	1	6	7	9	4	5	3	2

JEU 27

10	7	12	8	3	11	8	5	2	2	9	4	9	14
10	11	5	6	2	13	9	1	12	7	14	10	1	9
3	14	8	12	7	12	11	1	2	9	13	6	13	10
11	6	5	8	13	2	13	6	5	7	7	12	3	4
3	10	11	6	4	5	7	2	9	13	5	8	14	3
4	12	1	7	1	6	5	11	3	3	5	9	10	13
6	3	7	13	1	9	10	7	4	10	8	12	12	12
13	4	10	9	8	5	8	7	13	14	1	3	1	11
1	13	7	3	10	7	2	7	14	4	4	4	5	6
5	3	6	9	13	4	4	12	5	10	2	1	11	8
13	1	5	2	3	14	14	10	7	6	7	13	8	
14	7	13	4	6	9	5	2	8	1	7	11	7	2
13	9	2	1	2	8	12	10	12	4	11	2	11	5
3	5	1	2	10	12	6	4	11	8	9	5	14	4

JEU 28

(Grille de kakuro – solution)

JEU 29

2	5	3	6	4	7	1	9	8
4	1	6	8	9	5	2	7	3
8	9	1	5	7	2	3	6	4
7	2	8	4	3	9	6	1	5
3	6	9	2	1	4	8	5	7
1	4	5	7	8	3	9	2	6
5	3	7	9	6	1	4	8	2
9	8	2	3	5	6	7	4	1
6	7	4	1	2	8	5	3	9

JEU 30

3	5 > 4	2	1
4	2 > 1	5	3
1	4	5	3	2
2 > 1	3	4	5
5	3	2	1	4

JEU 31

9	6	2	7	3	5	1	8	4
5	1	3	4	8	6	9	7	2
4	7	8	1	2	9	3	6	5
2	5	6	9	4	3	8	1	7
8	3	4	6	7	1	2	5	9
7	9	1	2	5	8	4	3	6
3	4	7	5	1	2	6	9	8
6	8	5	3	9	4	7	2	1
1	2	9	8	6	7	5	4	3

JEU 32

71	73	76	75	7	8	4	3	2
72	70	74	77	6	5	9	13	(1)
65	66	69	(81)	78	16	14	10	12
64	67	68	79	80	17	15	11	23
63	60	61	31	30	18	19	22	24
59	62	32	35	36	29	21	20	25
58	53	52	33	34	37	28	39	26
54	57	51	49	48	44	38	27	40
55	56	50	47	46	45	43	42	41

Solutions

JEU 33

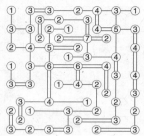

JEU 34

3	5	6	4	9	7	8	1	2
7	4	1	2	6	8	3	5	9
2	8	9	1	3	5	6	4	7
5	6	8	7	2	4	1	9	3
4	1	7	9	8	3	5	2	6
9	3	2	5	1	6	4	7	8
8	9	5	6	7	1	2	3	4
1	2	3	8	4	9	7	6	5
6	7	4	3	5	2	9	8	1

JEU 35

5	14	12	9	2	1	8	8	11	10	10	12	5	4
3	8	12	10	6	8	11	5	13	2	1	5	14	9
10	11	12	12	7	2	2	2	3	9	14	4	5	8
9	13	3	5	5	8	2	12	10	14	14	4	8	7
4	1	2	5	14	13	4	7	6	11	7	10	3	12
14	6	1	5	11	2	12	4	2	13	3	8	5	4
6	10	4	7	1	14	3	1	9	5	5	5	12	10
10	8	13	14	3	9	9	6	12	5	13	7	4	1
12	3	13	13	7	13	1	11	13	5	4	5	10	8
9	12	2	3	1	4	13	10	3	6	2	14	4	5
8	12	10	2	4	11	13	9	1	14	9	5	7	8
8	9	14	4	6	3	10	4	7	2	3	2	11	13
12	5	14	6	8	11	9	9	7	7	2	11	10	6
2	4	14	11	10	12	9	12	8	1	12	6	5	13

JEU 36

JEU 37

9	5	1	7	4	3	6	8	2
4	3	6	8	9	7	5	2	1
6	2	5	4	7	9	1	3	8
8	7	3	1	2	5	4	9	6
5	6	2	9	8	1	3	7	4
3	4	7	6	1	2	8	5	9
2	8	4	5	3	6	9	1	7
1	9	8	2	5	4	7	6	3
7	1	9	3	6	8	2	4	5

JEU 38

JEU 39

2	9	5	7	1	4	8	3	6
6	8	3	9	5	2	1	7	4
7	4	1	3	6	8	9	5	2
9	3	4	1	8	7	6	2	5
5	1	7	2	9	6	4	8	3
8	2	6	4	3	5	7	9	1
1	7	2	5	4	9	3	6	8
3	6	9	8	2	1	5	4	7
4	5	8	6	7	3	2	1	9

JEU 40

29	30	31	17	16	15	14	12	10
28	32	21	18	19	7	13	9	11
33	27	22	20	(1)	6	8	58	59
34	25	26	23	2	3	5	60	57
35	39	24	66	65	64	4	61	56
36	38	40	43	67	63	62	55	52
80	37	41	42	44	68	54	53	51
(81)	79	76	74	71	45	69	50	48
78	77	75	72	73	70	46	47	49

Solutions

JEU 41

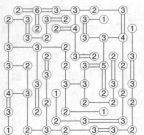

JEU 42

8	2	6	4	7	9	5	1	3
9	1	5	8	3	6	2	7	4
3	4	7	1	2	5	9	6	8
2	7	1	9	8	3	6	4	5
6	3	4	5	1	7	8	2	9
5	8	9	6	4	2	7	3	1
1	6	3	2	9	8	4	5	7
4	9	2	7	5	1	3	8	6
7	5	8	3	6	4	1	9	2

JEU 43

11	11	4	7	13	1	8	10	3	10	14	10	9	6
4	10	10	14	3	7	6	11	13	8	3	1	3	4
2	11	10	8	11	7	3	2	7	11	5	4	13	12
9	1	10	12	14	8	6	5	6	7	1	13	4	10
5	14	13	2	4	2	7	2	9	14	6	5	10	3
6	14	9	7	3	10	13	1	10	14	13	8	2	5
3	6	14	13	1	10	11	12	2	6	9	7	12	4
2	13	11	2	3	6	9	12	9	1	13	3	8	8
7	9	2	3	6	12	12	12	1	5	11	5	13	14
9	4	14	1	14	13	5	6	11	10	7	2	12	4
13	4	6	11	8	4	2	4	12	9	10	9	4	1
10	12	14	6	14	9	10	4	11	13	4	5	10	2
8	4	1	9	2	4	14	13	5	12	3	12	11	7
1	8	14	5	12	5	10	9	5	11	10	6	10	3

JEU 44

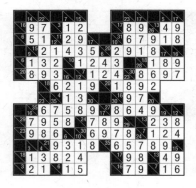

JEU 45

1	9	6	7	3	5	8	2	4
4	7	2	8	6	1	3	5	9
5	3	8	9	1	7	2	4	6
8	2	5	3	4	9	6	1	7
6	1	9	4	7	2	5	8	3
7	5	3	2	8	6	4	9	1
2	4	7	1	5	3	9	6	8
3	6	4	5	9	8	1	7	2
9	8	1	6	2	4	7	3	5

JEU 46

4	1	2	3	5
2	4	5	1	3
1	2	3	5	4
3	5	4	2	1
5	3	1	4	2

JEU 47

8	3	7	9	2	5	1	4	6
6	2	4	7	1	8	9	3	5
9	1	5	3	4	6	7	2	8
7	4	2	8	5	3	6	1	9
3	9	8	1	6	4	2	5	7
1	5	6	2	7	9	4	8	3
2	7	9	5	3	1	8	6	4
4	8	3	6	9	2	5	7	1
5	6	1	4	8	7	3	9	2

JEU 48

27	25	24	43	44	45	46	50	49
28	26	22	23	42	41	51	47	48
29	21	31	32	35	37	40	52	53
20	30	33	34	36	38	39	54	65
19	17	16	6	4	56	55	64	66
18	15	7	5	57	3	(1)	67	63
14	8	80	(81)	58	2	68	69	62
9	13	79	77	75	59	73	61	70
10	11	12	78	76	74	60	72	71

Solutions

JEU 49

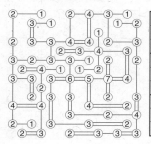

JEU 50

3	8	2	4	9	1	7	6	5
5	1	9	8	7	6	3	4	2
6	4	7	2	5	3	1	9	8
4	9	8	3	2	5	6	7	1
2	7	5	1	6	9	4	8	3
1	3	6	7	8	4	5	2	9
7	5	4	9	1	8	2	3	6
8	6	3	5	4	2	9	1	7
9	2	1	6	3	7	8	5	4

JEU 51

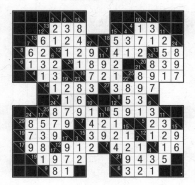

JEU 52

JEU 53

4	9	7	5	6	1	3	2	8
9	1	3	2	5	6	8	4	7
3	8	6	1	2	9	4	7	5
5	7	2	3	4	8	1	9	6
7	4	8	9	1	5	6	3	2
1	5	4	6	3	2	7	8	9
8	2	9	4	7	3	5	6	1
6	3	5	8	9	7	2	1	4
2	6	1	7	8	4	9	5	3

JEU 54

7	2	5
6	9	8
3	1	4

JEU 55

7	6	2	9	5	1	3	4	8
8	1	5	4	7	3	2	6	9
9	3	4	2	8	6	5	7	1
1	2	8	7	3	4	6	9	5
6	4	9	8	2	5	7	1	3
3	5	7	6	1	9	8	2	4
2	9	6	5	4	8	1	3	7
4	8	1	3	6	7	9	5	2
5	7	3	1	9	2	4	8	6

JEU 56

75	73	72	71	38	37	27	28	29
74	76	70	39	68	26	36	31	30
77	78	40	69	67	66	25	35	32
80	79	42	41	64	65	24	33	34
(81)	46	43	63	62	22	23	4	5
47	45	44	61	20	21	3	(1)	6
51	48	49	60	18	19	2	12	7
52	50	55	59	17	14	13	11	8
53	54	56	57	58	16	15	10	9

Solutions

JEU 57

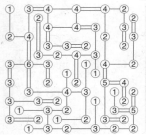

JEU 58

8	5	3	1	7	6	9	4	2
6	4	7	9	2	3	1	8	5
9	1	2	5	4	8	3	6	7
4	2	5	3	6	9	8	7	1
1	8	6	7	5	2	4	9	3
7	3	9	4	8	1	2	5	6
2	7	4	8	3	5	6	1	9
3	9	8	6	1	7	5	2	4
5	6	1	2	9	4	7	3	8

JEU 59

8	2	13	5	2	6	9	3	14	4	14	10	9	7
1	12	9	1	7	5	11	11	2	3	14	13	6	4
3	4	12	11	4	13	10	14	6	2	14	1	8	13
2	4	1	9	11	11	11	12	7	5	10	13	13	13
12	4	4	4	3	7	1	2	2	13	6	5	8	14
4	1	11	7	14	4	13	4	9	6	2	2	14	5
4	14	8	6	13	2	3	10	13	9	12	1	1	1
5	13	1	2	10	8	3	4	13	7	2	11	14	9
14	13	9	1	6	14	5	8	8	8	4	3	10	5
9	11	8	4	12	1	6	13	7	10	2	3	12	6
6	11	7	14	9	1	14	11	10	8	5	8	3	12
1	10	6	8	2	3	14	9	14	6	6	7	1	
7	9	6	3	1	12	2	1	3	14	13	7	9	10
1	8	2	10	10	4	12	14	3	5	11	9	11	3

JEU 60

<table>
<tr><td>6</td><td>18</td><td>15</td><td>4</td><td></td><td>8</td><td>11</td><td>13</td></tr>
<tr><td>1</td><td>3</td><td>9</td><td>3</td><td></td><td>1</td><td>2</td><td>4</td><td>11</td><td>14</td></tr>
<tr><td>5</td><td>4</td><td>3</td><td>2</td><td>1</td><td>6</td><td>3</td><td>1</td><td>9</td><td>5</td><td>7</td></tr>
<tr><td>6</td><td>2</td><td>1</td><td>3</td><td>2</td><td>3</td><td>1</td><td>4</td><td>5</td><td>3</td><td>2</td></tr>
<tr><td>9</td><td>8</td><td>1</td><td>3</td><td>5</td><td>4</td><td>2</td><td>3</td><td>2</td><td>1</td><td>4</td></tr>
<tr><td>7</td><td>1</td><td>6</td><td>1</td><td>4</td><td>2</td><td>3</td><td>5</td><td>3</td><td>2</td><td>1</td></tr>
<tr><td>4</td><td>1</td><td>4</td><td>3</td><td>1</td><td>1</td><td>2</td><td>9</td></tr>
<tr><td>7</td><td>3</td><td>2</td><td>1</td><td>1</td><td>2</td><td>4</td><td>7</td></tr>
<tr><td>4</td><td>3</td><td>2</td><td>1</td><td>2</td><td>5</td><td>1</td><td>4</td><td>23</td><td>12</td></tr>
<tr><td>2</td><td>8</td><td>9</td><td>5</td><td>2</td><td>3</td><td>4</td><td>1</td><td>7</td><td>3</td></tr>
<tr><td>1</td><td>6</td><td>8</td><td>9</td><td>3</td><td>4</td><td>5</td><td>2</td><td>1</td><td>1</td><td>9</td></tr>
<tr><td>3</td><td>9</td><td>5</td><td>4</td><td>1</td><td>2</td><td>3</td><td>6</td><td>3</td><td>1</td><td>2</td></tr>
<tr><td>6</td><td>7</td><td>9</td><td>8</td><td>2</td><td>3</td><td>5</td><td>2</td><td>4</td><td>1</td></tr>
<tr><td>4</td><td>6</td><td>1</td><td>1</td><td>2</td><td>9</td><td>3</td></tr>
</table>

JEU 61

4	6	1	3	7	2	9	8	5
1	5	9	2	8	4	6	3	7
7	8	3	5	9	6	4	1	2
2	3	6	4	5	7	1	9	8
6	9	7	8	2	1	5	4	3
5	4	2	9	3	8	7	6	1
8	7	5	1	6	9	3	2	4
9	2	4	7	1	3	8	5	6
3	1	8	6	4	5	2	7	9

JEU 62

4	1	<	2	5	3
2	5	3	1	1	4
3	2	1	4	<	5
1	4	5	3	2
5	3	4	2	1

JEU 63

6	8	1	3	2	4	9	7	5
3	2	9	5	6	7	8	1	4
5	4	7	8	9	1	6	3	2
7	9	8	1	4	3	2	5	6
2	3	4	6	7	5	1	8	9
1	5	6	2	8	9	7	4	3
8	1	2	4	5	6	3	9	7
9	6	5	7	3	8	4	2	1
4	7	3	9	1	2	5	6	8

JEU 64

63	64	65	16	15	14	8	7	6
61	62	66	17	13	10	9	4	5
60	67	18	57	11	12	44	43	3
68	59	58	19	56	45	42	(1)	2
69	21	20	55	54	46	48	41	40
70	71	22	23	53	47	49	39	37
77	78	72	24	52	51	50	38	36
79	76	73	25	26	29	30	31	35
80	(81)	75	74	28	27	32	33	34

JEU 65

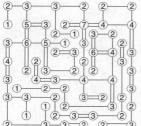

JEU 66

8	2	6	1	5	3	4	7	9
9	3	4	6	8	7	2	5	1
5	7	1	2	4	9	6	3	8
2	5	9	8	1	6	3	4	7
7	6	8	3	2	4	1	9	5
4	1	3	9	7	5	8	6	2
3	8	5	4	9	1	7	2	6
6	9	2	7	3	8	5	1	4
1	4	7	5	6	2	9	8	3

JEU 67

4	14	5	1	14	8	13	4	11	2	9	3	7	6
8	9	10	10	2	7	2	14	14	1	11	2	6	12
14	5	14	3	13	11	8	4	1	2	6	2	14	9
2	13	1	6	9	10	9	8	5	14	10	8	11	10
14	10	8	6	2	11	1	13	5	4	7	14	3	
3	13	13	14	6	5	9	9	9	11	3	8	8	1
13	11	2	11	11	6	5	7	10	1	10	6	3	3
9	11	12	5	13	4	4	3	4	14	6	8	7	
14	2	13	9	8	9	1	7	5	4	11	10	12	
11	6	1	7	10	4	5	1	4	3	12	1	8	14
12	7	3	4	1	14	1	8	10	4	7	8	11	13
11	7	13	13	1	3	3	1	14	1	3	9	14	2
6	1	4	1	3	13	13	11	2	12	5	14	9	10
12	4	14	2	7	8	12	1	9	5	10	13	9	11

JEU 68

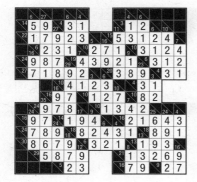

JEU 69

8	7	5	3	1	6	2	9	4
9	5	8	4	3	7	6	1	2
3	1	2	6	4	9	7	5	8
4	2	7	5	8	1	9	3	6
5	6	4	8	9	3	1	2	7
7	9	3	2	6	5	4	8	1
6	3	1	7	5	2	8	4	9
2	4	9	1	7	8	5	6	3
1	8	6	9	2	4	3	7	5

JEU 70

JEU 71

8	1	6	3	5	2	4	9	7
9	5	3	7	4	8	6	2	1
4	2	7	6	1	9	8	5	3
3	8	9	1	2	5	7	6	4
5	4	1	8	7	6	9	3	2
6	7	2	9	3	4	1	8	5
1	9	4	5	8	3	2	7	6
2	6	5	4	9	7	3	1	8
7	3	8	2	6	1	5	4	9

JEU 72

		28	29	44	43	42		
		27	30	45	41	33		
49	26	47	46	31	32	40	34	35
50	48	25				39	37	36
53	51	24				38	2	(1)
54	52	23				3	9	8
55	(56)	22	16	17	4	10	6	7
		21	15	18	11	5		
		20	19	14	13	12		

Solutions

JEU 73

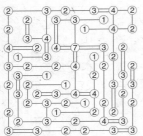

JEU 74

7	3	6	5	8	1	4	9	2
9	4	5	3	2	6	8	1	7
2	1	8	9	7	4	6	3	5
1	6	2	4	5	8	9	7	3
8	5	9	7	3	2	1	4	6
4	7	3	6	1	9	5	2	8
3	9	7	8	4	5	2	6	1
5	2	4	1	6	3	7	8	9
6	8	1	2	9	7	3	5	4

JEU 75

11	9	10	2	1	9	13	10	5	10	8	4	1	3
1	14	12	7	7	3	10	11	12	1	4	13	5	9
9	13	11	7	10	2	2	7	13	9	3	5	1	4
3	6	1	8	2	9	12	9	11	7	14	14	13	
8	3	5	12	13	10	11	10	9	9	1	7	6	7
13	9	14	12	2	6	4	4	1	3	7	10	14	8
5	4	7	3	14	11	14	2	4	5	12	13	10	7
7	5	6	13	11	12	3	5	4	12	12	1	9	14
6	11	13	1	8	14	5	5	6	3	9	13	12	4
4	14	8	13	10	12	6	1	14	2	12	11	12	5
6	1	12	10	5	2	9	13	8	6	14	2	11	12
14	10	4	7	12	7	6	6	4	13	2	3	6	1
1	2	5	14	5	1	8	13	7	6	6	4	12	
2	13	9	4	7	5	11	3	11	14	11	6	8	10

JEU 76

(grille fléchée numérique)

JEU 77

7	4	6	1	5	3	2	8	9
3	8	5	6	7	9	1	2	4
2	9	1	4	8	6	5	7	3
5	6	9	2	4	8	3	1	7
8	3	4	7	1	2	9	6	5
1	5	2	3	9	7	8	4	6
9	1	8	5	6	4	7	3	2
6	7	3	9	2	1	4	5	8
4	2	7	8	3	5	6	9	1

JEU 78

2	3	1	4	5
3	1	2	5	4
4	2	5	1	3
5	4	3	2	1
1	5	4	3	2

JEU 79

2	5	7	8	3	4	1	6	9
4	6	9	5	7	1	3	8	2
3	8	1	6	9	2	5	4	7
6	4	5	9	1	3	7	2	8
8	9	3	7	2	5	6	1	4
7	1	2	4	8	6	9	3	5
1	2	4	3	5	9	8	7	6
9	3	8	2	6	7	4	5	1
5	7	6	1	4	8	2	9	3

JEU 80

	34	31	32	29	28			
		35	33	30	27	1		
37	36	24	25	26	2	3	56	54
38	23	22				4	53	55
39	41	21				5	52	7
40	42	20				51	6	8
43	44	45	19	18	50	11	10	9
		46	17	49	15	12		
		47	48	16	13	14		

JEU 81

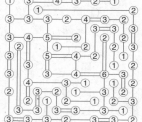

JEU 82

6	2	7	8	4	5	9	3	1
8	5	9	3	6	1	2	7	4
1	4	3	7	2	9	8	5	6
7	1	8	4	3	2	5	6	9
2	9	4	5	8	6	3	1	7
5	3	6	1	9	7	4	8	2
4	8	2	6	7	3	1	9	5
9	6	1	2	5	8	7	4	3
3	7	5	9	1	4	6	2	8

JEU 83

3	5	11	12	12	4	10	5	7	6	4	1	14	2
6	4	2	3	5	12	7	7	10	14	8	13	3
9	14	8	8	13	5	4	13	11	3	10	2	10	12
1	14	14	13	9	1	2	13	8	5	11	2	4	4
12	8	10	12	14	2	5	9	9	1	5	14	10	6
6	13	10	7	10	1	11	3	14	4	12	1	9	13
7	7	8	9	4	9	3	5	2	11	12	12	10	5
5	2	8	10	4	11	9	14	10	9	4	3	12	1
14	5	6	3	5	9	11	10	2	13	4	7	14
5	6	1	2	12	7	9	1	10	13	3	4	8	8
13	12	9	4	6	8	1	12	3	5	7	4	2	14
7	10	4	1	14	13	8	12	14	7	12	11	8	4
4	5	1	3	13	6	7	2	5	12	6	10	12	9
12	11	13	9	2	10	5	9	4	1	8	6	13

JEU 84

JEU 85

3	7	4	9	8	5	2	6	1
5	8	6	2	7	1	9	4	3
2	6	1	4	3	8	5	9	7
7	3	9	5	1	4	6	2	8
4	1	5	8	2	6	3	7	9
9	5	2	3	6	7	8	1	4
8	4	7	6	9	3	1	5	2
6	9	8	1	4	2	7	3	5
1	2	3	7	5	9	4	8	6

JEU 86

JEU 87

7	5	6	4	8	1	2	9	3
8	2	4	9	3	6	7	5	1
3	9	1	7	2	5	6	8	4
2	7	3	1	4	8	9	6	5
1	6	8	5	9	3	4	2	7
9	4	5	6	7	2	1	3	8
4	8	9	3	6	7	5	1	2
6	1	2	8	5	4	3	7	9
5	3	7	2	1	9	8	4	6

JEU 88

		14	13	37	38	39		
		15	12	36	34	40		
9	10	11	16	35	33	31	41	42
6	8	17				32	30	43
5	7	18				29	45	44
4	2	19				46	28	26
3	1	55	20	21	47	24	25	27
		54	56	22	23	48		
		53	52	51	50	49		

Solutions

JEU 89

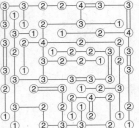

JEU 90

5	9	8	4	3	6	2	1	7
3	6	7	8	1	2	4	5	9
4	2	1	9	5	7	6	8	3
6	7	5	3	9	4	1	2	8
9	4	2	1	7	8	3	6	5
1	8	3	2	6	5	7	9	4
7	3	9	5	2	1	8	4	6
8	1	6	7	4	9	5	3	2
2	5	4	6	8	3	9	7	1

JEU 91

9	2	8	10	6	12	4	5	13	6	1	7	14	11
2	13	3	11	4	10	8	7	5	9	1	1	8	5
11	5	5	5	7	12	8	4	9	6	14	6	10	3
5	11	3	14	10	1	6	1	7	4	7	2	5	9
13	1	11	9	11	4	12	3	6	12	5	7	7	7
12	10	3	1	11	3	3	6	5	2	1	13	4	14
9	7	3	2	13	15	5	14	4	8	4	4	3	1
3	10	12	1	4	14	1	11	8	11	7	7	9	11
4	5	6	3	1	2	9	4	7	11	12	8	13
7	1	9	5	5	5	2	4	14	6	16	6	13	4
1	2	14	8	1	6	7	12	5	3	12	10	11	4
6	3	10	14	7	12	1	2	5	9	13	9	1	2
6	8	14	13	2	5	11	5	12	12	10	12	9	2

JEU 92

(grille fléchée — solution)

JEU 93

8	5	6	3	2	7	9	4	1
3	8	7	6	5	2	4	1	9
5	3	1	8	4	9	7	6	2
7	1	3	4	6	5	2	9	8
6	7	2	9	1	3	5	8	4
9	6	4	2	7	8	1	3	5
1	9	5	7	8	4	6	2	3
2	4	8	5	9	1	3	7	6
4	2	9	1	3	6	8	5	7

JEU 94

4	3	5	2	1
3	2	1	4	5
2	1	4	5	3
1	5	2	3	4
5	4	3	1	2

JEU 95

3	1	2	4	5	7	6	8	9
9	7	5	3	6	8	1	2	4
6	4	8	9	1	2	5	3	7
7	5	6	8	4	1	3	9	2
2	3	4	5	9	6	8	7	1
1	8	9	7	2	3	4	5	6
4	9	7	1	3	5	2	6	8
5	2	1	6	8	9	7	4	3
8	6	3	2	7	4	9	1	5

JEU 96

		17	24	25	26	27			
		16	18	23	21	28			
13	14	15	19	20	22	55		29	30
12	11	1				54	56	31	
10	2	3				52	53	32	
9	4	6				51	35	33	
8	7	5	40	39	37	36	50	34	
		41	43	38	47	49			
		42	44	45	46	48			

Solutions

JEU 97

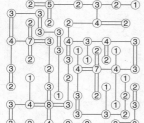

JEU 98

3	9	2	7	1	8	6	4	5
8	5	7	3	6	4	9	2	1
1	6	4	2	5	9	7	8	3
9	7	6	4	3	5	8	1	2
5	4	1	6	8	2	3	7	9
2	8	3	9	7	1	5	6	4
4	2	8	5	9	7	1	3	6
6	1	5	8	2	3	4	9	7
7	3	9	1	4	6	2	5	8

JEU 99

JEU 100

JEU 101

5	8	2	6	7	9	4	1	3
3	7	9	1	4	6	2	8	5
8	5	1	9	6	7	3	4	2
9	2	6	4	3	1	7	5	8
1	3	4	7	2	8	5	9	6
2	6	5	3	9	4	8	7	1
7	4	8	5	1	3	6	2	9
6	9	7	2	8	5	1	3	4
4	1	3	8	5	2	9	6	7

JEU 102

JEU 103

8	9	7	6	2	1	3	4	5
1	2	5	3	4	8	9	6	7
3	6	4	7	9	5	8	2	1
4	1	3	8	6	2	7	5	9
7	5	9	1	3	4	6	8	2
2	8	6	5	7	9	1	3	4
6	4	2	9	1	3	5	7	8
9	7	8	4	5	6	2	1	3
5	3	1	2	8	7	4	9	6

JEU 104

	22	23	24	14	13			
	21	17	15	25	12			
45	46	18	20	16	26	10	11	1
47	44	19				27	9	2
43	48	49				28	3	8
42	39	50				29	7	4
40	41	38	51	33	31	30	5	6
	37	52	34	32	55			
	36	35	53	54	56			

Solutions

JEU 105

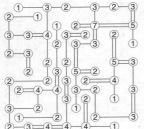

JEU 106

6	5	9	7	3	4	1	8	2
4	8	1	6	5	2	9	7	3
2	3	7	9	1	8	4	6	5
1	7	6	4	9	5	3	2	8
3	4	8	2	7	6	5	1	9
9	2	5	1	8	3	7	4	6
8	9	4	3	2	1	6	5	7
7	1	2	5	6	9	8	3	4
5	6	3	8	4	7	2	9	1

JEU 107

JEU 108

(kakuro solution grid)

JEU 109

9	4	7	8	2	6	3	5	1
6	7	5	2	3	1	4	9	8
3	8	2	4	1	5	9	6	7
1	2	9	6	8	3	7	4	5
4	6	8	7	5	2	1	3	9
5	9	3	1	6	4	8	7	2
2	1	4	3	9	7	5	8	6
8	3	6	5	7	9	2	1	4
7	5	1	9	4	8	6	2	3

JEU 110

3	1	5	2	4
1	2	4 > 3	5
4	3	2	5	1
5 > 4	3	1	2
2	5	1	4	3

JEU 111

7	3	1	2	5	6	9	8	4
5	9	6	8	3	4	1	7	2
8	4	2	7	9	1	3	5	6
6	7	9	3	8	5	4	2	1
2	1	8	4	6	9	7	3	5
3	5	4	1	2	7	8	6	9
1	6	7	5	4	3	2	9	8
9	8	3	6	1	2	5	4	7
4	2	5	9	7	8	6	1	3

JEU 112

		13	14	16	17	18			
		12	4	15	2	19			
9	10	11	5	3	(1)	20	21	22	
8	7	6				27	23	25	
43	42	41				28	26	24	
44	46	40				30	29	55	
45	39	47	48	32	31	53	54	(56)	
		38	35	49	33	52			
		37	36	34	50	51			

Solutions

JEU 113

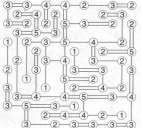

JEU 114

3	4	9	6	7	5	8	1	2
6	5	1	8	2	4	9	7	3
8	7	2	9	1	3	5	6	4
2	9	3	4	5	1	6	8	7
5	8	6	2	9	7	3	4	1
4	1	7	3	8	6	2	5	9
7	6	8	1	3	9	4	2	5
9	2	5	7	4	8	1	3	6
1	3	4	5	6	2	7	9	8

JEU 115

JEU 116

JEU 117

2	4	8	7	3	6	5	9	1
4	6	5	2	1	9	7	8	3
5	1	9	3	7	8	2	6	4
1	2	7	8	5	4	9	3	6
8	9	3	6	2	1	4	5	7
7	3	6	4	9	5	8	1	2
9	7	4	5	6	3	1	2	8
6	5	2	1	8	7	3	4	9
3	8	1	9	4	2	6	7	5

JEU 118

JEU 119

5	7	4	2	6	9	8	1	3
1	9	6	7	3	8	4	2	5
8	2	3	5	1	4	9	6	7
3	4	2	6	9	7	1	5	8
6	1	9	8	5	3	2	7	4
7	5	8	1	4	2	6	3	9
2	3	1	9	8	5	7	4	6
4	8	7	3	2	6	5	9	1
9	6	5	4	7	1	3	8	2

JEU 120

	29	28	33	32	35			
	27	30	31	34	36			
24	25	26	52	51	50	49	37	39
23	22	53				48	40	38
20	21	54				47	41	42
19	55	(56)				46	45	43
18	17	16	(1)	3	4	5	6	44
	15	12	2	9	7			
	13	14	11	10	8			

Solutions

JEU 121

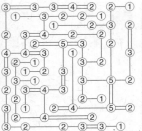

JEU 122

6	3	9	1	4	5	7	8	2
7	1	2	8	6	3	5	4	9
4	5	8	2	9	7	1	3	6
8	2	7	6	5	9	4	1	3
9	6	3	4	8	1	2	5	7
5	4	1	3	7	2	9	6	8
3	9	4	7	1	8	6	2	5
2	7	6	5	3	4	8	9	1
1	8	5	9	2	6	3	7	4

JEU 123

13	11	4	10	8	8	12	14	12	9	7	2	3	4
8	1	4	11	13	13	9	1	6	12	8	5	8	14
2	6	7	2	11	3	1	13	9	13	8	10	5	13
5	7	3	7	14	6	7	11	7	10	8	8	1	4
1	10	5	9	2	4	2	8	13	14	3	6	7	12
6	1	1	13	10	13	7	11	5	14	4	14	2	2
4	4	14	8	9	10	11	5	11	13	12	7	6	12
14	6	9	4	4	4	3	7	13	1	12	11	2	11
4	7	14	14	14	9	6	3	8	11	11	13	11	10
11	8	10	1	12	14	5	7	2	7	6	3	9	5
3	2	5	2	5	12	14	9	14	13	11	13	10	6
7	13	7	2	5	14	11	1	4	8	10	12	4	3
1	12	11	12	7	2	8	10	8	4	5	6	13	14
11	9	7	4	13	5	9	6	3	3	10	2	1	8

JEU 124

JEU 125

6	9	4	8	7	1	5	2	3
2	1	8	9	4	3	7	5	6
3	5	9	4	1	2	6	7	8
8	7	3	5	6	4	2	9	1
7	3	1	6	2	5	9	8	4
5	8	6	1	9	7	3	4	2
4	2	5	3	8	9	1	6	7
1	6	7	2	5	8	4	3	9
9	4	2	7	3	6	8	1	5

JEU 126

3	1	5	2 <	4
5	4	2	1	3
2	3	1	4	5
1	5	4	3	2
4	2	3	5	1

JEU 127

9	2	1	8	6	5	7	3	4
5	3	6	1	4	7	9	8	2
7	8	4	9	2	3	6	5	1
2	1	9	5	8	6	4	7	3
4	6	5	7	3	9	1	2	8
8	7	3	4	1	2	5	6	9
6	9	8	2	5	4	3	1	7
3	4	2	6	7	1	8	9	5
1	5	7	3	9	8	2	4	6

JEU 128

	46	45	44	40	41			
	51	47	39	43	42			
56	52	50	49	48	38	37	36	35
55	54	53				31	30	34
9	8	6				32	33	29
10	5	7				23	26	28
11	12	4	3	18	22	25	24	27
		13	2	17	19	21		
		1	14	15	16	20		

Solutions

JEU 129

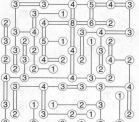

JEU 130

4	2	8	7	6	1	5	3	9
3	5	6	2	9	8	4	1	7
9	1	7	4	5	3	8	6	2
6	8	2	3	1	7	9	4	5
5	9	1	8	4	6	2	7	3
7	3	4	5	2	9	6	8	1
2	6	3	9	7	4	1	5	8
1	7	9	6	8	5	3	2	4
8	4	5	1	3	2	7	9	6

JEU 131

2	9	12	10	9	1	9	4	7	7	13	10	5	8
8	9	11	1	7	1	6	12	4	2	4	14	13	5
3	4	2	4	10	7	14	12	5	9	3	10	11	9
11	13	11	6	8	5	2	9	9	3	10	7	4	4
9	12	14	7	14	11	14	13	9	6	3	9	1	13
10	5	3	12	1	8	9	7	8	5	12	5	13	11
9	8	7	14	6	3	11	6	5	12	2	5	13	9
1	5	4	11	3	9	8	1	12	13	5	6	10	9
6	10	7	5	3	12	11	11	13	6	7	8	6	14
7	6	11	9	2	10	1	8	1	4	5	6	9	13
6	2	13	9	11	4	1	10	1	12	6	12	6	3
14	7	6	12	4	10	10	1	2	3	13	2	13	7
13	12	9	4	11	6	13	5	10	10	10	1	11	2
9	3	7	2	13	2	5	14	11	14	1	4	12	10

JEU 132

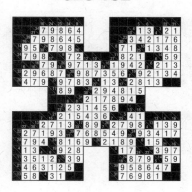

JEU 133

1	4	6	8	3	2	5	9	7
3	6	5	2	1	4	8	7	9
9	2	8	1	7	6	4	5	3
7	5	4	3	9	1	2	8	6
5	8	9	7	4	3	6	2	1
6	1	7	5	2	8	9	3	4
4	3	2	9	6	5	7	1	8
8	9	3	4	5	7	1	6	2
2	7	1	6	8	9	3	4	5

JEU 134

8	2	1
6	3	5
7	9	4

JEU 135

4	6	3	9	1	8	7	2	5
8	2	1	7	4	5	3	6	9
9	5	7	6	2	3	1	8	4
6	9	5	2	3	7	4	1	8
2	3	4	1	8	6	9	5	7
7	1	8	4	5	9	6	3	2
5	7	2	3	9	1	8	4	6
3	8	6	5	7	4	2	9	1
1	4	9	8	6	2	5	7	3

JEU 136

		22	23	27	28	29		
		21	24	53	26	30		
19	20	56	54	25	52	31	32	34
18	16	55				51	33	35
17	1	15				50	36	37
3	2	14				49	40	38
4	5	6	13	46	47	48	41	39
		7	8	12	45	42		
		9	10	11	43	44		

Solutions

JEU 137

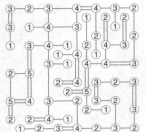

JEU 138

5	4	8	9	7	6	1	3	2
6	2	3	1	8	5	4	7	9
1	7	9	3	2	4	5	6	8
7	1	5	8	6	9	2	4	3
4	8	2	5	3	7	9	1	6
3	9	6	2	4	1	8	5	7
2	6	1	4	9	3	7	8	5
9	3	4	7	5	8	6	2	1
8	5	7	6	1	2	3	9	4

JEU 139

13	14	2	6	5	4	1	7	7	10	3	8	8	9
8	10	14	12	2	2	2	14	11	9	11	7	3	4
6	1	10	9	7	13	3	5	8	5	1	11	14	13
12	1	7	2	10	13	14	8	9	1	3	6	4	2
1	7	14	8	3	5	14	6	9	12	9	4	11	10
9	12	3	11	11	13	10	7	1	9	4	9	14	14
4	11	1	11	12	6	8	9	11	14	5	7	13	8
9	11	6	13	4	8	12	9	3	7	6	4	9	11
10	6	4	6	3	14	8	13	11	10	14	9	7	6
14	4	11	7	8	1	9	9	12	11	2	5	9	3
7	9	8	9	1	11	6	4	7	2	6	9	10	5
1	8	9	2	6	8	11	10	4	3	12	1	13	14
3	13	13	1	6	9	6	2	8	8	8	14	12	6

JEU 140

JEU 141

6	4	2	5	1	3	9	8	7
3	5	4	8	7	9	6	2	1
2	9	8	3	6	7	1	5	4
1	7	6	4	9	5	2	3	8
7	3	1	2	8	4	5	6	9
8	1	5	7	4	2	3	9	6
4	2	9	1	3	6	8	7	5
5	6	7	9	2	8	4	1	3
9	8	3	6	5	1	7	4	2

JEU 142

4	<	5	1	2	3
3	2	4	1	5
2	>	1	3	5	4
5	4	2	3	1
1	3	5	4	2

JEU 143

6	7	3	2	4	5	9	1	8
5	4	1	3	8	9	6	7	2
9	2	8	7	1	6	4	5	3
7	5	9	1	2	8	3	4	6
8	3	4	6	9	7	5	2	1
1	6	2	5	3	4	8	9	7
4	1	6	8	5	2	7	3	9
3	8	5	9	7	1	2	6	4
2	9	7	4	6	3	1	8	5

JEU 144

		46	45	48	49	50		
		44	47	27	25	51		
42	43	31	29	28	26	24	52	53
41	32	30				23	54	56
40	39	33				18	22	55
36	38	34				17	19	21
37	35	3	4	9	16	15	14	20
		2	5	8	10	13		
		1	7	6	11	12		

Solutions

JEU 145

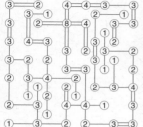

JEU 146

2	5	6	9	4	7	1	3	8
8	7	1	5	3	6	2	9	4
9	3	4	1	2	8	6	7	5
6	2	9	8	5	4	7	1	3
3	8	7	6	1	9	5	4	2
1	4	5	2	7	3	8	6	9
5	6	3	7	9	2	4	8	1
7	9	2	4	8	1	3	5	6
4	1	8	3	6	5	9	2	7

JEU 147

JEU 148

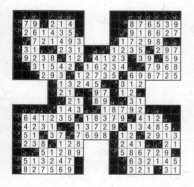

JEU 149

1	4	9	3	5	8	7	6	2
7	8	2	6	4	1	5	9	3
5	6	3	9	2	7	8	1	4
3	1	5	8	7	9	4	2	6
8	9	4	2	6	5	1	3	7
2	7	6	4	1	3	9	8	5
6	5	7	1	8	2	3	4	9
9	2	8	7	3	4	6	5	1
4	3	1	5	9	6	2	7	8

JEU 150

L'utilisation de 2 157 lb de Rolland Enviro100 Print plutôt que du papier vierge réduit votre empreinte écologique de :
Arbre(s) : 18
Déchets solides : 1 165 lb
Eau : 10 996 gal
Matières en suspension dans l'eau : 7,4 lb
Émissions atmosphériques : 2 558 lb
Gaz naturel : 2 666 pi^3

C'est l'équivalent de :
Arbre(s) : 0,4 terrain(s) de football américain
Eau : douche de 2,3 jour(s)
Émissions atmosphériques : émissions de 0,2 voiture(s) par année

Marquis imprimeur inc.

Québec, Canada
2009